Reinhard von Hippel
Reform der Strafrechtsreform

Reform der Strafrechtsreform

Maßregeln der Besserung und Sicherung

von
Reinhard von Hippel

1976

W DE G

Walter de Gruyter · Berlin · New York

CIP-Kurztitelaufnahme der Deutschen Bibliothek

Hippel, Reinhard von
Reform der Strafrechtsreform : Maßregeln d. Besserung u. Sicherung. – 1. Aufl. – Berlin, New York : de Gruyter, 1976.
ISBN 3-11-007035-9

Printed in Germany

Satz und Druck: Mercedes-Druck, 1000 Berlin 61
Bindearbeiten: Wübben, 1000 Berlin 42

Eberhard Schmidt

zum 85. Geburtstag in Verehrung
und Dankbarkeit zugeeignet

Alle zum Dienst am Recht Berufenen stehen in den Spannungen, die sich für die Motive unseres Handelns aus dem Gegensatz von Gerechtigkeit und (politischer, auch rechtspolitischer) Zweckmäßigkeit ergeben, und es ist eine alte Erfahrung, daß die „Richtigkeit" unseres Entscheidens und Handelns sich vor unserem eigenen forum internum wie auch vor anderen sehr viel leichter mit den rationalen Gesichtspunkten der Zweckmäßigkeit als mit den sehr viel schwierigeren Gesichtspunkten der Gerechtigkeit „beweisen" läßt. Aber der Gerechtigkeit gebührt der Vorrang, *und strafrechtliche Gerechtigkeit gedeiht nur auf dem Boden des „nullum crimen sine lege", da gerade im strafrechtlichen Bereich die von diesem Satz gewährte Rechtssicherheit ein wesentlicher Bestandteil der Gerechtigkeit ist.*

Eberhard Schmidt
(Die Sache der Justiz. 1961. S. 40f.)

Inhalt

A. Grenzen gesetzgeberischer Entscheidung: Neutralität

I. Strafrechtsgeschichte oder Strafrechtsreform?

Der Beginn der Strafrechtsreform wird literarisch regelmäßig mit Franz *von Liszts* als das „Marburger Programm" bekannten Streitschrift: „Der Zweckgedanke im Strafrecht"[1, 2] angesetzt. Diese Symbolisierung ist sicherlich für die bisher letzten Änderungen des Strafrechts zutreffend, verfehlt aber die Geschichte des Strafrechts und Franz *von Liszt*.

Franz *von Liszt* war ohne Zweifel in vielem originell[3], aber auch nachdrücklich beeinflußt von der Strafrechtsgeschichte und der „geistigen Situation seiner Zeit"[4, 5]. Dies mag als Problem historisch-biographischen Bemühens ausgeklammert bleiben, weil *Auswirkungen* des Marburger Programms wohl kaum davon betroffen werden. Das Werk wirkt einerseits unabhängig vom Autor und zum anderen hat die „neue rechtssoziologische Bewegung" mit *von Liszt* zwar einen vorweisbaren Vorfahren, aber wie so manche andere „neue Richtung" mit ihrem Ahnherrn nur wenig gemein.

Als um so wichtiger erscheint die Strafrechtsgeschichte. Sie ist letztlich nichts anderes als Geschichte der Strafrechtsreform[6]. Vielleicht der

---

1 ZStW 3 (1883) 1 ff. = Strafrechtliche Aufsätze und Vorträge Band I (1905), 126 ff. = Deutsches Rechtsdenken, Heft 6 (o. J.).

2 12 Jahre nach Inkrafttreten des Reichsstrafgesetzbuches, das zuvor seit 1870 als Strafgesetzbuch des Norddeutschen Bundes galt.

3 Sein Lehrbuch ist dogmatisch überwiegend ausgesprochen traditionell, soweit es nicht um Fragen der Strafzwecke, also um Stellungnahme im Schulenstreit geht.

4 Vgl. den Titel von *Jaspers:* Die geistige Situation der Zeit, zahlreiche Auflagen, z. B. 4. unveränderter Abdruck der 1932 bearbeiteten 5. Auflage 1955; *Würtenberger:* Die geistige Situation der deutschen Strafrechtswissenschaft, 1. Aufl. 1957.

5 So knüpft *von Liszt* z. B. hinsichtlich des Zweckdenkens stark an Rudolf *von Jhering* an (vgl. a. a. O., sub II 4 und öfter) und setzt sich mit den Strafrechtstheorien seit *Kant* auseinander (vgl. insbes. a. a. O. IV). Die angenommene Entstehung der Strafe aus Triebhandlungen bei *von Liszt* ist dagegen nicht historische Analyse, sondern theoretische Konstruktion.

6 Selbstverständlich nicht in einer ungebrochenen linearen Realisierung vorgegebener Reformideen. Eine entsprechende Vorstellung wäre nicht nur ahistorisch, sondern auch apolitisch und damit anthropologisch naiv.

größte Einschnitt wird durch das erste Strafgesetzbuch des Reiches, die Carolina[7], markiert. Von ihr führt ein erstaunlich gerader Weg zu Thereseiana und ALR, zum BayStGB von 1813, zum Code pénale Napoleons, dem PrStGB von 1851 wie schließlich dem RStGB von 1871. Der hohe Rang der Reichsgesetze des Zweiten Reiches, die für einen ganzen Rechtskreis einen Maßstab gesetzt haben[8], ist nur auf dem Hintergrund des *Gemeinen Rechts* zu verstehen[9]: seine relative Einheit verdankte es der Theorie der communis opinio doctorum[10].

Die *communis opinio* der *doctores* war sicher niemals umfassende Wirklichkeit in allen Einzelfragen. Der erreichte *common sense* dürfte grob gesagt etwa dem gleichgekommen sein, was in den ersten 18 Bänden der Entscheidungen des Reichsgerichts in Strafsachen *nicht* als kontrovers erscheint. Selbstverständlich hatte er während rund drei Jahrhunderten eine erhebliche Veränderungsrate oder ein reformerisches Potential. Der Kontroversanteil ist für jeden selbstverständlich, der heute auch nur in *einem* Kommentar nachliest. Bemerkenswert ist ein hoher Grad an Übereinstimmung, der entscheidende Grundlagen für die großen Reichsgesetze und ihre per saldo vorbildliche Klarheit war. Auch heute noch ist die communis opinio, allerdings vorgeformt durch Gesetze, Vorlage für zahlreiche Novellierungen, wie ihr Fehlen Grund, eine Frage offen zu lassen: Nach der Standardformulierung amtlicher Begründungen wird die Klärung solcher Fragen vielfach der „Rechtsprechung und Lehre" überlassen.

Wie war das Ausmaß an Übereinstimmung im Gemeinen Recht möglich? Ohne besondere historische Gelehrtheit praeter propter geschlossen: Wegen der nach dem erreichten Stand der Kritik offensichtlich funktionsgerechten Begriffsbildung und, auf dieser aufbauend, klaren Systematik. Modern formuliert: Semantik und Syntax waren klar, Realitätsgehalt und Erkenntniswert überzeugend, die Anpassungsfähigkeit im Prinzip vorhan-

---

[7] Constitutio Criminalis Carolina, unter Karl V. auf dem Reichstag zu Regensburg 1532 zum Reichsgesetz erhoben.

[8] Bis zur Türkei und Japan.

[9] Eine besondere Herausforderung waren die Probleme des Partikularismus, einer Zeit großer Erneuerungen und Kodifikationen. Heute steht die Rechtswissenschaft vor ähnlichen, wenn auch schwierigeren Problemen bei der Erarbeitung von model codes für größere politische Einheiten.

[10] Auch heute noch ist die deutsche Strafrechtslehrertagung ebenso wie die ZStW international.

den, wenn auch wie bei allen historischen Prozessen belastet mit retardierenden Momenten, die sowohl das vorübergehende Konservieren von Fehlleistungen bedingen als auch vorschnelle „modische" Fehler verhindern können.

Die permanente Strafrechtsreform hat mit dem Reichsstrafgesetzbuch nicht aufgehört. Da dies in letzter Zeit gern vertuscht wird[11], kurz einige Daten: Nach der Zählung im Kommentar von *Dreher*[12] gab es das erste Änderungsgesetz 1876, bis zum 1. Weltkrieg 16, bis 1968 74 und bis zur Neubekanntmachung auf Grund des EStGB 95, darunter als neue Pointe noch vor Inkrafttreten des EStGB das „Gesetz zur Änderung des Einführungsgesetzes zum Strafgesetzbuch" vom 15. 8. 1974.

Offenbar wird also auch die letzte Reform Geschichte haben, nämlich reformiert werden. Das ist kein Vorwurf, sondern für unverkürztes Denken eine Selbstverständlichkeit. Der Zusammenhang zwischen Reform und Strafrechtsgeschichte ist für eine realistische Einschätzung von Reformen aber noch aus einem weiteren Grund wichtig: Wenn durch die Gesetzgebung die Basis der *communis opinio* etwa durch *Kanonisierung* eines kontroversen Anteils *einer Schule,* also partikulärer opinio verlassen wird, so ist dies zwar verfassungsrechtlich völlig in Ordnung; es stellt sich aber die Frage, ob eine Integration der Reform überhaupt möglich ist: Bei ihr geht es nicht um die Tragfähigkeit der Rechtsüberzeugung im sozialpsychologischen Sinne, denn jeder gelehrte Jurist muß fähig sein, Gesetze, die er persönlich für falsch hält, sachgerecht anzuwenden. Dieses Prinzip läßt sich jenseits der Probleme des Widerstandsrechts dokumentieren: So kann z. B. ein Richter aus privaten Gründen etwa die Ehescheidung oder Abtreibung aus einer bestimmten Indikation ablehnen und dennoch innerhalb seines Amtes die geltenden Gesetze einwandfrei anwenden und Ehen scheiden oder Angeklagte freisprechen. Entscheidend ist ein völlig anderes Moment, das offenbar durch einen gedachten, also subjektiven Gegensatz von Reform und Geschichte übersehen wird: Eine Reform ist niemals total. Die politische Durchsetzung einer Schule

---

11 So hat der ehemalige Parlamentarische Staatssekretär *Bayerl* in der Zeitschrift des BMJ „recht" einen Beitrag zum Inkrafttreten des EStGB mit dem Titel veröffentlicht: „Nach 100 Jahren des Kaisers Strafen abgeschafft." Dies ist schon deshalb historisch falsch, weil das RStGB im Text als Strafgesetzbuch des Norddeutschen Bundes der Reichsgründung vorausging und als Reichsgesetz vom Reichstag verabschiedet worden ist.

12 36. Auflage, 1976, S. XXXXI ff.

weist zwar den Schulenstreit in den, vom Gesetz her gesehen, politischen Untergrund, vermag aber die bisherige Kontroverse, jedenfalls bei Grundlagenfragen, nicht in eine communis opinio umzuwandeln. Punktuelle Streitentscheidung durch Gesetzgebung schlägt durch, allgemeinere Überzeugungen lassen sich nicht verordnen.

Dies alles ist aber noch viel zu vordergründig: Eine *Kontroverse* signalisiert oft mehr als Verschiedenheit von Meinungen. Anpassungsstreben, Konformitätsdruck und Harmoniebedürfnis stehen ihrem Entstehen nachgerade entgegen. Die wirklich bedeutenden Kontroversen entstehen regelmäßig aus einer entsprechenden Problemstruktur. Bei hinreichender Komplexität der Probleme – und wer wollte diese denen der Kriminalwissenschaften absprechen – vermag jede ein-eindeutige Systematisierung immer nur einen Teil der Wirklichkeitsbezüge in sich aufzunehmen. Unverkürzte Theorien sind deshalb immer antinomial, geben Gleichgewichtsprobleme auf, schaffen sekundäre und damit in dem möglichen Anwendungsbereich stark eingeschränkte Kontroversen, begünstigen unbequeme Vereinigungstheorien[13]. Zahlreichen klugen Juristen läßt sich die Aussage zuschreiben: *Lebensfähig ist nur die Antinomie.* Hinzugesetzt sei: *Antinomien fördern im Bereich der Ableitungen Pluralität.* Ableitungen sind dann mehr als bloß logische Operationen. Diesen Zusammenhang markiert ein Jurist und Mathematiker so:

> „Die Verfahren der üblichen logischen Syntax und der Semantik reichen . . . als Hilfsmittel zum juristischen Arbeiten mit den rechtlichen Regelungen nicht aus. Das hängt mit den Aufgaben zusammen, die dem Juristen bei der Rechtsanwendung gestellt sind. Es ist *das* Problem des Juristen beim Arbeiten mit rechtlichen Regelungen, auf Grund dieser Regelungen ‚angemessene' Ergebnisse zu erzielen. Was dabei ‚angemessen' ist, bestimmt sich teilweise unabhängig von den gegebenen Regelungen, nach den jeweiligen konkreten sachlichen Umständen. . . . Die juristische Argumentation und Interpretation hat daher notwendigerweise ‚pragmatischen' Charakter, sowohl i. S. des Alltagssprachgebrauchs, wie i. S. der Methodologie. Denn sie ist ihrem Inhalt nach unmittelbar zweckbedingt, und sie ist wohl nur als konkretes Verhalten konkreter Menschen mit bestimmten Zielen verständlich, nicht als rein objektiver (semantischer oder syntaktischer) Zu-

---

13 Im Gegensatz zu falschen Kompromissen aus Schwäche gegenüber dem Druck, die Tatsache der Einigung als solche als entscheidenden Wert zu postulieren.

sammenhang. Weiter: Das juristische Arbeiten mit den rechtlichen Regelungen findet ausschließlich im Medium der Umgangssprache statt[14]."

Ausreichend inhaltsreiche und weitreichende Kontroversen signalisieren deshalb mehr als die Unfähigkeit der Streitenden, sich zu einigen. Es geht überhaupt nicht um eine „Schlichtung" etwa durch ein Oktroi des Gesetzgebers. Kontroversen können gleichermaßen wie Vereinigungstheorien als deren fortgeschrittenes Stadium die Unmöglichkeit der Reduktion der Probleme auf einen einheitlichen Ansatz ausdrücken. Dies ist um so bemerkenswerter, als die psychische Dynamik nach dem Bild der Entropie wie auch aus Bequemlichkeit auf monistische Systeme tendiert. Gesetzgeberische Streitschlichtung hat deshalb ihre Grenze möglicher Wirkung[15] dann erreicht, wenn sie eine Reduktion zum Gegenstand hat, deren Durchsetzung zu einem Verlust an Wirklichkeitsbezug führte. Streitschlichtung kann trennender sein als der Streit. Dieser wird auch nicht gelöst, sondern durch die Parteinahme des Schlichters lediglich in den Untergrund verwiesen. Die Probleme kehren wieder, ihre Beschreibung aber wird durch den monistischen Ansatz erschwert, die Problemlösungsbegründung unter Umständen unehrlich. Die erstrebte Klarheit wird zur wirklichen oder vermeintlichen Willkür. Es ist kurzsichtig zu meinen, Harmonie gesetzgeberisch-dezisionistisch verordnen zu können. Inhaltsreichtum (content, Realitätsbezug) und Form (Logizität) sind Einsatzgrößen, die nicht aufeinander zurückgeführt werden können. Die Verkürzung auch nur *einer* Seite führt zur Willkür, Mangel an Form hinsichtlich der Begründung, Mangel an Gehalt bereits gegenüber den Gegenständen: Was außerhalb des Systems liegt, ist unwichtig. Der Mangel an *Form* und damit die nur unzureichende Determinierung im logischen Sinne ist jederzeit diskutierbar, Gegenstand möglicher Kontroversen, ist überprüfbar im Instanzenzug, aber selbstverständlich ein Problem, also kein Alibi bei Schlamperei. Zu Recht behandelt deshalb der Bundesgerichtshof Verstöße gegen allgemeine Denkgesetze als revisible Rechtsverstöße. Der Mangel an *Gehalt* führt zu absoluten Geltungsansprüchen des Systems, die Willkür wird totalitär. Ich wüßte für die Dokumentation der behaupteten Sachverhalte, die psychischen eingeschlossen, keinen besseren Kronzeugen, als den großen *Positivisten* (!) Hans *Kelsen:*

---

14 Herbert *Fiedler*, Juristische Logik in mathematischer Sicht. In: ARSP LII (1966) 93 ff. (96).

15 Jedenfalls in nicht totalitären Staaten.

„Wenn ich hier dennoch prinzipielle Gegensätze erblicke und auf Verbindung . . . zu einer höheren Einheit . . . verzichten zu müssen glaube, so finde ich als Rechtfertigung dieses meines Standpunktes im Grunde keine andere ehrliche Antwort als die: Ich bin nicht Monist. So unbefriedigend ich auch eine dualistische Konstruktion des Weltbildes *empfinde*, in meinem *Denken* sehe ich keinen Weg, der über den unleidlichen Zwiespalt hinwegführt.“[16]

„. . . zu weitestgehender Selbstbeschränkung ist der wissenschaftliche Jurist gezwungen, wenn er ein von inneren Widersprüchen freies System, wenn er logisch haltbare Grundbegriffe haben will.“[17]

„Der unerträgliche Zustand, in dem sich die Grundbegriffe der Jurisprudenz befinden, ist zum größten Teile darauf zurückzuführen, daß hinter ein und demselben Worte, obgleich es für die Ergebnisse zweier völlig verschiedener Betrachtungsweisen gebraucht wird, ein einheitlicher Begriff gesucht und natürlich nur auf die gewaltsamste Weise gebildet wird.“[18]

Das letzte Zitat führt bereits zu einer weiteren Folge unangebrachter gesetzgeberischer Schlichtung: Werden die Realitätsbezüge einer der Theorien des Streites durch Schlichtung ausgeschieden, so wird dadurch[19] der von *Kelsen* beschriebene „unerträgliche Zustand“ herbeigeführt, daß die abgewiesenen Probleme mit den im geltenden Gesetz noch enthaltenen (zugelassenen) Sprachzeichen und den entsprechenden Partikeln einer mehr oder minder monistischen Theorie beschrieben werden müssen, damit sie noch vom Gesetz umfaßt werden. Dadurch wird die Sprache der Gesetze zunächst unklar und ohne Reform einer solchen „Reform“ werden schließlich Gesetz, Theorie und Reform verfaulen.

Eine „Reform“, die in Grundlagen Antinomien auszuschließen trachtet und damit eine noch vor der communis opinio liegende Kontroverse zu schlichten versucht, ist deshalb sachlich und personell[20] verfehlt und führt durch beschreibbare Folgen versteckter Parteinahme zu unvorher-

---

[16] Hauptprobleme der Staatsrechtslehre entwickelt aus der Lehre vom Rechtssatze. 1. Aufl. 1911. S. VI.

[17] a. a. O., S. VIII.

[18] a. a. O., S. IX.

[19] Selbstverständlich gibt es auch andere mögliche Ursachen. Hier interessieren nur die mit bestimmten Mitteln gesetzten.

[20] Personalfragen sind immer auch Sachfragen!

sehbaren, also zufälligen Ergebnissen. Man nennt so etwas eine *Blindsteuerung*.

Im folgenden wird auf zwei Ebenen der Nachweis versucht, daß die mit dem EStGB als relativ abgeschlossen geltende Strafrechtsreform solche Elemente enthält[21]. Zunächst soll ein nicht durchgehaltener monistischer Grundzug im neuen Gesetz aufgezeigt werden[22] (sub II), anschließend anhand der „Maßregeln der Besserung und Sicherung" die bereits fortgeschrittene Zerstörung der grundlegenden Kategorien „*Tatbestand*" und „*Verfahrensgegenstand*" dokumentiert werden (sub B und C).

Eine gewisse Idealisierung des historischen Gesetzgebers[23] ist dabei unvermeidbar. Die Aussagen beziehen sich deshalb nicht auf historisch angebbare Personen, Regierungen usw., sondern ausschließlich auf die Resultante eines ungeheuer komplexen Wirkungszusammenhanges, der Gegenstand möglicher Forschungen z. B. über die Bedingungen der Entstehung von Blindsteuerungen sein könnte.

II. Parteinahme oder communis opinio in der Strafrechtsreform?

Unmittelbare und dezidierte Parteinahme in einem Grundlagenstreit ist schon aus parlamentarischen Gründen nicht zu erwarten. Die Zusammensetzung der Ausschüsse und des Plenums verbieten sie ebenso, wie eine Festschreibung vorhandener communis opinio keine Parteinahme wäre. Man wird in dem neugestalteten Rechtsfolgensystem auch vergeblich nach einem einheitlichen, doktrinär durchgesetzten Strafzweck suchen. Dazu sind Probleme wie Regelungen zu diffizil[24]. Unübersehbar

21 Selbstverständlich nicht ausschließlich und sicherlich unbedacht und damit ungewollt.

22 Wegen der Blindsteuerung können die Gesetzgebungsmaterialien dabei außer Ansatz bleiben.

23 Heute kaum noch klärbar, wer das ist. Das weitgehende Abdanken der historischen Interpretation (man denke an die Kontroverse zwischen *Schröder* und *Naucke*) ist trotz umfangreicher Materialien bereits mangels Gewicht historische Wirklichkeit. Ad exemplum vgl. man bei einem noch sehr kleinen Komplex für das Fehlen jeder gesetzgeberischen Entscheidung meine Dokumentation zu § 19 WStG in: NZWehrR. XI (1969), 217 ff. und dazu 1. *Hennings* in NZWehrR XIII (1971), 81 ff.; und 2. insbes. § 19 IV WStG nF nebst der amtlichen Begründung: Bundesratsdrucks. 1/72 zu Art. 25 Nr. 14, S. 322.

24 Symptomatisch dafür ist ein neuer Buchtyp: „Die strafrechtlichen Sanktionen. Eine systematische Darstellung für die Praxis der Strafrechtspflege" (*Horn*, 1975) nebst der Zustimmung dem Grunde nach wie herber Kritik aus der Praxis (*Troendle* in MDR 76, 260 f.).

geht allerdings das gesamte Sanktionensystem von der Spezialprävention aus, während der Generalprävention nur noch an zwei umstrittenen und als problematisch geltenden Stellen ein direkter Ansatz geboten wird (vgl. § 47 I und 56 III StGB). Es läge nahe, darin die entscheidende Verschiebung zu sehen, aber die Probleme gehen tiefer:

Auch die nicht sehr deutlichen generalpräventiven Ansätze haben mit den spezialpräventiven[25] ein wesentliches Moment gemein: Die *aktuelle* Zweckbezogenheit, die Determination ausschließlich in der Rechts*anwendung*. Dies ist ein lineares Modell der Rechtsfolgenzuweisung, das eine Verschiedenheit der Zwecke in den Stufen Rechtssetzung und Rechtsprechung (wie letztlich wohl auch des Vollzuges) ersichtlich ausschließen soll. Damit ist – historisch symbolisiert – ein stark verkürzter *Liszt* zum alleinigen Sieger proklamiert worden. Die immer noch in der antinomialen communis opinio enthaltenen Anknüpfungen, für die Namen u. a. so subtiler Rechtspolitiker wie *Feuerbach* und *Binding*[26] stehen, sind zwar keineswegs aus dem Gesetz eliminiert, aber durch ungemein zahlreiche gesetzliche Interpretationen der Rechtsfolgenbe- und -zumessung wird eine vorausgehende eigene Funktion der Strafdrohung mit einem Wink entlassen. Dies ist jedenfalls das Ergebnis objektiver Interpretation. Ob man den Effekt gewollt hat, ist dafür gänzlich unerheblich. Die empirisch belegbare Bedeutung der Aufklärungsquote braucht z. B. noch nicht einmal geleugnet zu werden, nur wird die Strafverfolgung aus dem Kriminalrecht entlassen und findet ihren Ort gerade noch im Ermittlungsverfahren, weil die Polizei nun einmal als Hilfsbeamte der Staatsanwaltschaft tätig wird. Dies gilt jedenfalls soweit gegen „Unbekannt", also noch ohne Bezug auf Probleme der Rechtsfolgenzuweisung ermittelt wird.

---

25 Denen neben den Strafen sowohl die Maßregeln der Besserung als auch der Sicherung zuzuordnen sind.

26 Es ist äußerst oberflächlich, *Binding* als „den Positivisten" zu deuten. Seine Anknüpfung an dem Staatlichen Befehl ist eine *formale* zur Darstellung des Systems. Immer dann, wenn sie Ergebnisse präjudizierte, setzte *Binding* eine Brechung: So bezeichnet er die einfache Kuppelei als Polizeidelikt (Normen I, 4. Aufl. 1922, S. 405), obwohl die Unbotmäßigkeit *kategorial* eine Unterscheidung gerade nicht erlaubt. Entsprechend weisen ihn die ein Jahrzehnt umfassenden Arbeiten (BT, Band I, 1. Aufl. 1896, II, 2, 1905) am Besonderen Teil als Vorarbeiten zum Allgemeinen Teil (vgl. im Vorwort des BT) als ausgesprochenen Rechtspolitiker aus. Demgegenüber ist das *Liszt*sche Lehrbuch in weiten Partien ausgesprochen formal.

Um Mißverständnissen vorzubeugen: Es geht nicht um die Zuwendung zum Täter, sondern um die *volle* Zweckbesetzung der Rechtsfolgen in der Stufe der Rechtsanwendung, die Eindimensionalität des jetzigen Gesetzesstandes. Stärkere Täterbezogenheit war sicherlich notwendig. Sie ist keineswegs neu, und auch ohne den Preis einer ganzen Dimension des Strafrechts zu haben. Die Notwendigkeit ist unstreitig und bedarf deshalb keines Beleges. Die Täterorientierung wird historisch neben dem JGG durch die Einführung der Strafaussetzung zur Bewährung besonders sinnfällig. Sie hat auf die gesamte Strafzumessungspraxis Auswirkungen gehabt, die z.T. im heutigen Gesetz festgeschrieben sind.

Worum geht es mir dann?

Die Strafaussetzung bedeutete die Markierung der relativen Selbständigkeit der Strafzumessung. Strafe konnte für die lex lata nicht mehr als bloße Folge der Strafandrohung begriffen werden. Vermutlich ließe sich nachweisen, daß auch kein bedeutender Kriminalist sie je so gedacht hat: *Feuerbach* hat es trotz seines generalpräventiven Ansatzes jedenfalls nicht getan. „Die wohlverstandene Abschreckungstheorie" ist nicht blind, begründet keinen „Terrorismus auf Kosten der Menschlichkeit", vielmehr sei „die Frage zu erörtern: welche Strafen zu bestimmen und wie dieselben in der Ausführung einzurichten seyen, um nicht bloß dem Zwecke aller Strafen zu entsprechen, sondern auch nebenbei, so viel möglich, andere menschliche und bürgerliche Zwecke zu fördern."[27]

Feuerbach kann also sein System mit der Gesetzgebung auf die Generalprävention gründen und dennoch Strafzumessung und Strafvollzug innerhalb des durch einen „generellen Zweck" gesetzten Rahmens relativ selbständige Funktionen zuweisen. Dieses *Stufen*modell ist für einen realistischen Kriminalisten schlechthin zwingend, mag man im einzelnen auch noch so viele Möbel umstellen. Verhängnisvoll wäre der Verlust auch nur einer einzigen Stufe.

Der Verlust des allgemeinen Zwecks der Strafandrohung läßt sich schon in der Tendenz einer *zu genauen* Bestimmung des Grenzwertes zwischen Kriminalunrecht und Ordnungswidrigkeiten nachweisen. Kategorial haben wir es dabei immer noch nicht weitergebracht als *Binding*[28]. Besonders problematisch ist die Streichung des § 370 I Nr. 5 StGB

---

27 Lb. 11. Aufl. (letzter Hand) S. 18 und öfter.

28 Vgl. z. B. *Michels:* Strafbare Handlung und Zuwiderhandlung. Versuch (!) einer materiellen Unterscheidung zwischen Kriminal- und Verwaltungsstrafrecht (1963).

wegen der schroffen Alternative der Bestrafung nach § 242 oder Einstellung des Verfahrens. Der Ausweg über „Auflagen" ist unehrlich. Weshalb bedeutet der Versuch einer genauen Grenzziehung in der Gesetzgebung die Einbuße einer Dimension? Es gibt z. B. insbesondere bei jungen Menschen das elementare Bedürfnis, etwas nicht nur Verbotenes, sondern etwas *bei Strafe* Verbotenes zu tun. Die *Strafdrohung selbst* wird gesucht, jenseits aller Subtilitäten weiterer Strafzwecke. Nimmt man ihnen den „groben Unfug" und den „Mundraub", so kann das Bedürfnis nur noch um den Preis gravierender Taten befriedigt werden. Es ist immerhin vorstellbar, daß ein gegen ein Auto geschleuderter Stein das Äquivalent etwa für strafbedrohte nächtliche Ruhestörung oder gestohlene Äpfel ist.

Der Verlust der selbständigen Bedeutung der Strafdrohung jenseits der besonderen Strafzumessungszwecke im Sanktionssystem selbst ist für das Denken der Juristen wie potentieller Delinquenten gefährlich. Für den Täter erscheint manche Sanktion überhaupt nicht mehr als Strafe, weil die ausschließlich auf ihn bezogenen Zwecke keine wahrnehmbare Einwirkung verlangen. Alles dies ist kriminalpolitisch wie anthropologisch äußerst bedenklich, und dennoch wiegt etwas anderes schwerer: *Die Zweckstrafe wird absolut gesetzt.*

Solange der generelle Zweck der Strafandrohung nur einen Spielraum für speziellere Zwecke setzt, brauchen die Strafen nicht notwendig und in jedem Falle als konkret-zweckhaft dargetan zu werden. Dies erscheint auf den ersten Blick als unerträglich. Sieht man genauer hin, bedeutet die Tatsache, daß ein Delikt „seinen Preis" hat, geradezu den Kern der Rechtsstaatlichkeit bis hin zu dem Postulat eines „berechenbaren Strafmaßes"[29]. Bleibt die Strafe dahinter zurück, ist dies für den Täter ein Bonum. Demgegenüber schreibt das neue Rechtsfolgensystem vor, *prinzipiell* möglichst tief in das Leben des Delinquenten einzudringen und mit humanitär erhobenem Zeigefinger täterbezogene Zwecke zu verfolgen. Die Möglichkeit der Sachlichkeit eines generellen Zweckes, einer *in concreto zweckfreien Strafe* wird ebenso wenig gesehen wie die notwendige Grenze für die an sich legitime wie notwendige Verfolgung speziellerer Zwecke im vorgegebenen Rahmen.

Welche Folgen daraus im Recht bereits entstanden sind, gehört in die folgenden Kapitel. Vorerst kam es darauf an, in harter Pointierung dar-

[29] So der Buchtitel von *von Linstow*, 1974.

zulegen, daß die Gesetzgebung der bisher letzten Runde der Strafrechtsreform eine Parteinahme innerhalb eines kontroversen Teils der communis opinio enthält, also nicht von dieser getragen ist. Die Zweckstrafe ist kompromißlos durchgesetzt. Die generalisierende Rechtfertigung einer der Möglichkeit nach auch in concreto zweckfreien Strafe ist eliminiert. Als Folge fehlender communis opinio bzw. verkürzter Wirklichkeitsbezüge nach dem Stand der Erkenntnisse ist eine Fortsetzung der Kontroversen im Untergrund oder an nachrangigen Stellen zu erwarten.

B. Materialisierung des Strafrechts – bis zur Auflösung des Verfahrensgegenstandes?

I. Vorbemerkungen

Materialisierung der Strafrechtspflege ist ein wesentliches Moment der Strafrechtsentwicklung. Im materiellen Strafrecht löst der Schuldgrundsatz die Erfolgshaftung ab, die Carolina unterscheidet bei den Tötungsdelikten zwischen Vorsatz und Fahrlässigkeit (Art. 146) usw. Im Prozeß hat die Materialisierung des Kernstücks der Beweismittel[30] schließlich zur Ablösung des schriftlichen Inquisitionsprozesses durch völlig neue Prozeßmaximen, insbesondere den Grundsatz der Unmittelbarkeit und Mündlichkeit geführt. Diese Entwicklung ist von mir an anderer Stelle nachgezeichnet worden[31].

Hier geht es um die Rückwirkungen der Materialisierung des „materiellen" Strafrechts auf den Prozeß. Die Vorstellung von etwa bestehenden Zusammenhängen ist nur dann befremdlich, wenn man glaubt, das Verhältnis von „materiellem" und „formellem" Strafrecht sei ohne Interdependenzen denkbar. Die kodifikatorische und im Grunde rein technische Trennung ist erst jüngsten Datums, die Carolina kennt sie noch nicht. Zahlreiche Bestimmungen des StGB haben zugleich einen prozes-

30 Relativer/absoluter, formeller/materieller.

31 Zeugeneid – Beweismittel – Beweisrecht. In: Staat – Recht – Kultur. Festschrift für *E. von Hippel*, 1965, 116ff.

sualen Gehalt[32] und mancher Problemkreis gerät durch die Zuordnungsproblematik nahezu außer Kontrolle[33].

Die nahezu ausschließliche Betonung des Trennenden über das sachlich begründete Maß hinaus hat elementare Zusammenhänge vergessen lassen: Auch der „anzuwendende“ vollständige Strafrechtssatz steuert seinerseits das procedere. Der korrespondierende Leitbegriff des Prozeßrechts ist der des *Verfahrensgegenstandes* (§ 155 StPO). Andererseits wird der Tatbestand durch Auswahl und/oder Verbindung relativ selbständiger[34] und/oder absolut unselbständiger[35] Rechtssätze und mit ihm[36] der Verfahrensgegenstand[37] im Verfahren geschaffen[38].

Die Bedeutung der Trennung ist insbesondere durch die Arbeiten von *Goldschmidt*[39] und *Karl Peters*[40] stark relativiert worden. *Kern*[41] hat sie

---

32 Bereits oberflächlich erkennbar bei § 186.

33 Verjährung, Wahlfeststellung, Abgrenzung zwischen Verbrechensmerkmalen, „Strafausschließungsgründen“ und Prozeßvoraussetzungen. Ist ein „Strafausschließungsgrund“ Teil des Strafrechtssatzes? Ist die Existenz eines Strafrechtssatzes nicht Prozeßvoraussetzung? Die Abgrenzung ist zumindest dünner als sie scheint.

34 Des Besonderen Teils, dazu die Klammer des § 52 StGB.

35 Des Allgemeinen Teils, aber auch des Besonderen Teils, vgl. z. B. § 262 StGB.

36 Die Kontroverse um die Selbständigkeit der strafprozessualen Begriffsbildung bei der Frage der Bedeutung der Realkonkurrenz für die Bestimmung des Verfahrensgegenstandes und damit den Umfang der Sperrwirkung des Urteils (vgl. z. B. *Kleinknecht*, StPO 32. Aufl. 2 zu § 264) wird damit noch nicht einmal präjudiziert. Es ist aber durchaus bezeichnend, daß die Kontroverse auf dieser Ebene geführt wird!

37 Vgl. §§ 155, 264, 265, 266, 200 StPO.

38 Vgl. *Beling*, Deutsches Reichsstrafprozeßrecht usw., 1928, S. 114; zustimmend z. B. *Eberhard Schmidt* z. B. Lehrk. I, 1. Aufl. 1952 S. 43; 2. Aufl. 1964 S. 63 f.

39 1. Materielles Justizrecht. Rechtsschutzanspruch und Strafrecht. In: Festgabe für *Hübler*, 1905, 85 ff. und 2. Der Prozeß als Rechtslage. Eine Kritik des prozessualen Denkens. 1925. Neudr. 1962.

40 Vgl. insbes.: Die strafrechtsgestaltende Kraft des Strafprozesses. 1963.

41 Vgl. insbes. „Das Gerichtsverfassungsrecht hat früher fast ausschließlich als Justizverfassung interessiert. Erst neuerlich hat die Wissenschaft diesen engen Ring gesprengt und das Gerichtsverfassungsrecht als einen Teil des Verfassungsrechts erkannt, der für alle Zweige der Gerichtsbarkeit gemeinsam ist“ (DRiZ 1956, 220); vgl. weiter insbesondere in: Geschichte des Gerichtsverfassungsrechts, 1954.

weitgehend auf eine Rangfolge von Verfassungsgesetzen abgebildet[42] mit einem Vor-Rang der StPO vor dem StGB. Diese wichtigen Ansätze hat die Gesetzgebung leider außer Acht gelassen, mit der Folge, daß unbequeme Fragen gestellt werden müssen.

II. Analysen

Solange die Materialisierung in der Form bleibt, die Verfassung und Verfahren setzen, also Rechtssicherheit und Praktikabilität nicht betroffen werden, kann sie durch Differenzierung zu gerechteren Ergebnissen führen. Im Folgenden soll kurz dargestellt werden, wieweit Materialisierungen des Strafrechts Folgen im Prozeß haben. Dabei beschränke ich mich auf Auswirkungen auf die Bestimmbarkeit des Verfahrensgegenstandes, denn von ihr hängt ab, ob die rechtsstaatlichen Garantien des Verfahrens auch greifen oder zum bloßen Lippenbekenntnis werden.

1.1 Idealtypischer[43] Grundmodus ist ein realdeskriptiver[44] Tatbestand[45] und eine fixe Rechtsfolge[46].

1.2 Der Verfahrensgegenstand ist durch das Fehlen einer Strafzumessung auf den Tatbestand beschränkt. Der Tatbestand *als solcher* ist frei von Deutungs-(Sinnerhellungs-)Problemen. Dennoch ist das procedere bei der Sachverhaltsgewinnung nicht definitorisch festgelegt: zum Beweis des Sachverhalts[47] können verschiedenartige Beweismittel in Betracht kommen. Darüber hinaus kann es notwendig sein, zahlreichen Indizien

---

42 GG, GVG, StPO, StGB. Dieser Ansatz ist durch eine bedenkliche Verengung des Begriffs „Verfassungsrecht", die sich in den vielfach voreiligen, verkürzten und hermeneutisch zirkulären Argumentationen mit Grundrechten, Rechts- und Sozialstaatsprinzip ausdrückt, sehr zum Schaden der überstrapazierten Verfassung nahezu in Vergessenheit geraten.

43 Historisch belegbar: z. B. wird in den Gesetzen der Langobarden das Ausschlagen eines Backen- bzw. Schneidezahns mit einer jeweils festen Straftaxe belegt. Allerdings entsteht für uns das Problem, wie die Langobarden Eckzähne klassifiziert haben. Vermutlich fielen sie nach der allgemeinen Sprachkonvention unter eines der beiden Sprachzeichen. Für uns bestünde ein Auslegungsproblem.

44 I. S. der Deskriptionsthese. Anders formuliert: ein-eindeutige Sprachkonvention über die benutzten Sprachzeichen, also kein „Wortfeld", keine „Bedeutungsanalyse", kein „Begriffskern und Begriffshof" usw.

45 I. S. der Lehre vom Rechtssatz: morphologischer Tatbestandsbegriff.

46 Heute noch § 211 StGB.

47 Zur Überprüfung der Entscheidungshypothese.

nachzugehen[48]. *Begrifflich* bedeutet bereits jedes herangezogene unergiebige Beweismittel[49] eine Überschreitung des Prozeßgegenstandes. Perfekte Lösungen gibt es also offenbar nicht, doch löst sich das Problem ohne *sachliche* Schwierigkeiten: Der Zusammenhang ist im Prinzip erklärbar, die Einhaltung der Grenzen des Verfahrensgegenstandes sowohl im Hinblick auf etwaige Nichtigkeit des Urteils[50] wie dessen Sperrwirkung (ne bis in idem)[51] überprüfbar.

2.1 Eine Erweiterung des Grundmodells ergibt sich bereits durch die Auslegungsbedürftigkeit von Tatbestandsmerkmalen.

2.2 Vagheit der Sprachzeichen[52] bedingt eine entsprechende relative Unbestimmtheit des Verfahrensgegenstandes. Da es sich um allgemeine Probleme sprachlicher Unschärfe handelt, sind sie den Juristen im Prinzip geläufig und die Strafrechtspflege gerät durch sie nicht außer Kontrolle. Besondere Verwicklungen können eigentlich nur entstehen, wenn das Sprachzeichenverständnis zwischen Verfahrensbeteiligten auseinandergeht. Der Streit ginge dann etwa darum, ob ein bestimmter Bewertungsaspekt oder Verhaltensabschnitt von der Anklage noch gedeckt ist oder ob nach §§ 265 oder 266 StPO verfahren werden muß oder mußte. Dies ist keine grundsätzliche, sondern eine punktuell in der Revision klärbare Frage.

Generelles Ergebnis: Die Vagheit der materiellrechtlichen Sprachzeichen schlägt insoweit in den Prozeß ohne aufsehenerregende Folgen durch.

---

48 Für ältere Beweisrechte gab es andere Lösungen sowie Deliktskategorien wie die der Betroffenheit bei Handhafter Tat.

49 Die unverwertbare Zeugenaussage konnte ad exemplum aber auch eine Lüge gewesen sein!

50 Nichtigkeitsfolge bei Überschreiten des Rahmens des durch §§ 155, 264 StPO festgelegten Verfahrensgegenstandes nehmen z. B. an: *Goldschmidt:* Prozeß als Rechtslage, 507; *Eb. Schmidt* z. B. Lehrkommentar I, 1 Aufl. S. 115; 2. Aufl. 1964, 152 m. w. Nachw.

51 Ausweitungen des Verfahrensgegenstandes kommen *grundsätzlich* dem Angeklagten zu Gute.

52 Vgl. dazu *R. v. Hippel:* Gefahrurteile und Prognoseentscheidungen in der Strafrechtspraxis. 1972 § 3.

3.1 Die anzuwendenden Strafrechtssätze[53] haben regelmäßig auf der Rechtsfolgenseite eine z. T. nicht unerhebliche Bandbreite[54]. Diese wird durch die Umgestaltung z. B. von § 243 StGB als Strafzumessungsregel im Besonderen Teil nach der Regel-Beispiel-Technik vergrößert. Ob die benutzten Kodifikationsmittel unbestimmter sind als die Strafzumessungsregeln des Allgemeinen Teils, mag offenbleiben.

3.2 Bereits sub 2.2 wurde gezeigt, daß funktionsbesetzte Vagheiten der Rechtssprache[55] zu einer entsprechenden Unschärfe des Verfahrensgegenstandes führen. Besonderheit auf der Rechtsfolgenseite ist die im Vergleich zur Tatbestandsseite des Rechtssatzes festzustellende Loslösung der Feststellungen von der Tat: Die Strafzumessung ist zwar nicht ausschließlich, aber vorwiegend täterorientiert und bezieht auch z. B. sozialpsychische Probleme der Allgemeinheit mit ein.

Es ist unmittelbar einsichtig, daß Strafzumessungsregeln[56, 57] die Problematik reduzieren. Trotzdem beschäftigt sich die Rechtsprechung und die praxisorientierte Literatur mit ihr bereits durchaus ausführlich[58], während für die sub 2 behandelten Basisprobleme weder Rechtsprechung noch Kommentierung festgestellt werden konnte.

Die Materialisierung durch die Abwendung von der Tatvergeltung zu immer differenzierterer „Schuldstrafe“[59] schafft ersichtlich bereits Probleme. Solange der Tatbestand[60] hinreichend bestimmt bleibt *und* ausreichend feste Strafzumessungsregeln entwickelt werden, dürfte sich die

---

53 Unabhängig davon, aus wievielen Bausteinen sie bestehen: § 52 gibt die Regel zur Ermittlung des gesetzlichen Strafrahmens.

54 Ausnahme: § 211 StGB.

55 Gleichgültig, ob semantischer oder syntaktischer Art.

56 Gleichgültig, ob gesetzliche oder revisionsrichterliche oder sonst allgemein anerkannte.

57 Es ist deshalb zu begrüßen, daß sich die Rechtswissenschaft seit den großen Arbeiten von *Bruns* und *Warda* zunehmend der Strafzumessung zuwendet. Die prozessuale Fragestellung wird leider gerade bei den jüngeren Arbeiten völlig übersehen.

58 Vgl. BGH NJW 51, 769; ad exemplum *Kleinknecht* StPO 32. Aufl. sub 4 zu § 160: 4 C, 5 zu § 244; 2–7 zu § 267 mit Querverweisungen.

59 Der Ausdruck „Schuld“ hat sich immer stärker von seiner prozessualen Bedeutung entfernt. Wie weit es bei den neuen Strafzumessungsregeln noch um Einzeltatschuld geht, kann hier nicht untersucht werden.

60 Weiterhin: morphologischer Tatbestand.

Vagheit beim Verfahrensgegenstand noch einigermaßen kontrollieren lassen. Von außen, insbesondere vom Angeklagten her gesehen, wird die Steuerung der Beweisaufnahme[61] allerdings schon undurchsichtig. Wegen der Dominanz strafmildernder Zumessungsregeln sind Proteste bisher nur im Zusammenhang mit geltungssüchtigen Straftätern bekannt geworden, die z. B. die Verlesung langer Manifeste als für die Beurteilung der Tat- und Straffrage „relevant" erklären. Manche Verteidiger haben sich dem bereits angeschlossen.

4. Die zuletzt benannten Beispiele leiten bereits zur Materialisierung des Deliktsbegriffs über:

4.1.1 Außerhalb der Gesetzgebung entwickelt, aber wohl nicht ohne Einfluß auf die „Reformgesetzgebung", ist an erster Stelle die *„personale Unrechtslehre"* zu nennen.

Aus prozessualer Sicht geht es ihren Vertretern darum, dem Täter nicht nur als „bloßem" *Rechts*subjekt, sondern in seiner *totalen Personalität* gerecht zu werden. Die klassischen Institute zur Bereinigung gelegentlich auftretender Disharmonien waren Begnadigung und Amnestie. Offenbar unter dem Eindruck personaler Unrechtslehren hat der BGH den Fall *Staschinskij* nach dem von *Hartung* als kriegsbedingt-zweckhafte Rechtsbeugung aufgedeckten Modell des „Badewannenfalles" behandelt[62]. Die viel beklagte zurückhaltende Gnadenpraxis mag ihren Grund sogar in einer für sie kaum noch raumlassenden Materialisierung von Deliktsbegriff und Strafzumessung haben. Zweifel an der Sachverhaltsfeststellung im Gnadenwege auszuräumen, ist nahezu immer problematisch: In diesen Fällen steht ein Gnadenerweis im Widerspruch zu den Prozeßmaximen, der prozessualen Gewißheit, der limitierten Entscheidungsbegründung, dem Institut der Wiederaufnahme und ebnete den Meinungsmachern über politische Instanzen den Weg zur Beeinflussung der Dritten Gewalt.

---

61 Man denke auch an Beweisanträge!

62 BGH 18, 87. Die Frage, ob nicht gerade Herrn *Staschinskij* die Verarbeitung seiner Tat dadurch erschwert wird, daß ihm ein Gericht versichert, er sei überhaupt nicht Täter, sollte immerhin auch einmal gestellt werden. Hinsichtlich der Strafdauer ist der Fall nicht kontrovers, sondern nur in Bezug auf das gebrauchte Mittel.

4.1.2 Man stelle sich bitte das Schicksal des Verfahrensgegenstandes und eine entsprechende Beweisaufnahme vor, wenn im Hinblick auf die zugegebenermaßen bisher konsequenteste personale Unrechtslehre[63] prozediert werden soll:

„Als personal kann daher nur eine Unrechtslehre bezeichnet werden, die die Person in der Fülle ihres Wesens erfaßt. Sie kann sich nicht damit begnügen, Teilaspekte personalen Seins aufzunehmen und subjektive Elemente mit personalen zu identifizieren."[64]

„Eine Unrechtslehre, die diese personale Wirklichkeit miterfassen will, kann das Unrecht nicht allein in der isoliert betrachteten Gefährdung oder Verletzung eines individuellen oder universellen Rechtsguts sehen."[65]

„Sozialschädlich ist ein auf Rechtsgüterverletzung abzielendes Verhalten, weil es 1. auf Schädigung eines bestimmten Rechtsgutes gerichtet ist und damit 2. über diesen Einzelschaden hinaus die Vertrauensgrundlage der Rechtsgesellschaft, die personale Beziehung der Rechtsgenossen in Frage stellt, Vertrauen in die anderen Mitglieder der Rechtsgesellschaft verdrängt und Mißtrauen Platz greifen läßt."[66]

„Der . . . zuzurechnende Schaden ist nicht nur Verletzung eines wertvollen und von der Rechtsordnung geschätzten Gutes, sondern sozialer Schaden."[67]

Die Begrenzungsfunktion der Grundkategorie rechtsstaatlichen procedere wäre unrettbar verloren. Offenbar ist das Rechtsgutsprinzip grundlegend nicht nur für die materiellrechtliche Bestimmtheit des Tatbestandes, sondern auch für die prozessuale Bestimmbarkeit der Tat (prozessualer Tatbegriff) und damit für das Greifen *aller* Garantien des Rechtsstaates. Den „Beweisantritten" radikalisierter Täter müßte ohne jede Einschränkung stattgegeben werden, der Gerichtssaal würde zum politischen Forum. Aber auch aktiv müßte der Angeklagte in einer Weise zum Gegenstand des Verfahrens gemacht werden, die der Tortur zur Erlangung eines Geständnisses als „leiser Terror" kaum etwas nachgäbe.

---

63 *Otto:* Personales Unrecht, Schuld, Strafe. In: ZStW 87 (1975) 539 ff.

64 a.a.O., 561.

65 a.a.O., 561.

66 a.a.O., 562.

67 a.a.O., 562.

4.1.3 Zum Glück ist die Entwicklung (noch) nicht so weit. Wirkliche oder vermeintliche „Sinnerhellungsbedürfnisse“ haben aber u. a. schon zu befremdlichen Gutachterprozessen geführt.

4.1.4 Allgemeines Ergebnis: Jeder Schritt der Psychologisierung oder Soziologisierung muß genauestens bedacht werden[68], weil er unweigerlich einen entsprechenden *Verlust an Rechtsstaatlichkeit* zur Folge hat. „Zum Teufel mit dem Rechtsstaat“ haben bisher Parlament, Öffentlichkeit, Justiz und Strafrechtswissenschaft noch nicht gesagt. Bedachte, wie vor allem naive Ansätze sind aber ebenso unübersehbar.

4.2 Eine weitere Denkfigur der Materialisierung der Deliktsbegriffe ist die „materielle Rechtswidrigkeit“. Solange sie letztlich nicht mehr bezeichnete als die Notwendigkeit, Deliktsmerkmale im Hinblick auf die rechtspolitische ratio legis unter Berücksichtigung des Stellenwertes strafrechtlicher Reaktionen zu bestimmen, erlaubte sie schärfere begriffliche Durchdringung einer unabweisbaren Aufgabe ohne besondere Problematik. Ansätze zu durchaus entbehrlichen Rechtfertigungsgründen[69] markieren aber auch hier eine nicht zu übersehende Tendenz, die zu weiterem Abbau an Rechtsstaatlichkeit führen kann.

4.3 In Reinkultur begegnet uns die Materialisierung beim „materiellen Delikt“. Wenn die Zwecke der Gesetzgebung und die Bedeutung der Sprachzeichen des Tatbestandes prinzipiell nicht mehr durch objektive Auslegung zu ermitteln, sondern autonom zu setzen sind, wird in *jeder* Rechtsordnung die Bestimmung eines Verfahrensgegenstandes unmöglich. Die Denkfigur ist nicht zufällig in dem Rechtskreis mit dem obersten Grundsatz der „notwendigen Parteilichkeit“ entstanden. Hereinnahme in einen anderen Rechtskreis führte zum Zusammenbruch der Rechtsstaatlichkeit.

5. Die Probleme des JGG sollen trotz ihrer weittragenden Bedeutung nur kurz gestreift werden. Das schwierige Beweisthema des § 105 JGG führt zu einer weitgehenden Loslösung von der Steuerung durch den Prozeßgegenstand, der begrifflich im Hinblick auf ein Tatstrafrecht ent-

---

68 Nicht aus Abwehr gegen einen geargwöhnten Ausverkauf der Jurisprudenz!
69 Z. B. „fehlendes Interesse“.

wickelt worden ist. Dies ist beunruhigend genug, zumal dann, wenn im Ergebnis Erwachsenenstrafrecht angewendet wird. Das JGG steht aber kategorial weitgehend außerhalb des Strafrechts und setzt in § 54 I JGG eigene Maßstäbe für die Entscheidungsbegründung. Die prozessuale Vertiefung wäre ungemein wichtig, liegt aber allenfalls am Rande der Untersuchung. Das Recht der Jugend kennt z. B. auch die Heimerziehung aus außerstrafrechtlichen Anlässen. An dieser Stelle muß es als relativ isoliertes Sonderproblem außer Ansatz bleiben.

6.1 Größte Aufmerksamkeit verdienen die Maßregeln der Besserung und Sicherung, die dem System nach von der Peripherie der Aufgaben des Strafrechts in das Zentrum gerückt sind. Die Rechtswirklichkeit sieht allerdings (noch) anders aus. Die vorgeschriebenen Gesamtbeurteilungen von Täter und Tat, der Bedeutung der Tat als Symptomtat, die Prognose ohne spezifizierten Inhalt, was dem Täter in Zukunft zuzutrauen ist, dieses inhaltsleere Futurum im Präsens, daß von dem Täter auch in Zukunft erhebliche Straftaten zu erwarten seien, ist sicherlich als „Materialisierung" nicht fehlgedeutet.

6.2 Diese Materialisierung ist solange *für das Verfahren* unproblematisch, wie ein entsprechend fest umreißbarer Tatbestand eine entsprechend genaue Bestimmung des Verfahrensgegenstandes erlaubt[70].

Der Tatbestand der Maßregeln besteht nicht nur aus dem Deliktstatbestand, der lediglich eine notwendige aber nicht hinreichende Bedingung der Rechtsfolge Maßregel ist. Die weiteren Tatbestandselemente können jenseits des hier zunächst nicht interessierenden „prognostischen Anteils" als Anknüpfung prinzipiell die gesamte Biographie und Persönlichkeit des Angeklagten umfassen. Dies gilt zwar auch schon in etwa bei der Strafzumessung, dort aber limitiert durch die viel engeren Zwecke der Aufklärung und das Prinzip der Einzeltatschuldvergeltung. Bei den Maßregeln fehlt bereits die gesetzliche Angabe einer Ermittlungsstrategie, was sich u. a. in der – meist konservativ beantworteten – Frage ausdrückt: Welche(r) Gutachter ist (sind) zu bestellen? Ersichtlich wird das Frageschema eines Milieutheoretikers, Tiefenpsychologen oder Psychiaters jeweils anders aussehen. Eine außerrechtlich allgemein anerkannte „Exploration"

---

70 Die weiteren Probleme sind den Beweiserhebungs- und Verwertungsverboten zuzuordnen.

gibt es nicht, wie die Gutachterstreite oder die Konkurrenz von faktorenanalytischen Tafelwerken beweisen. *Die Steuerung der Beweisaufnahme wird nicht mehr durch den Verfahrensgegenstand determiniert, sondern durch die Objektivierbarkeit der Ergebnisse verschiedener Disziplinen und Schulen* (Methoden). In der entscheidenden Bewertung des Erkenntniswertes, der prozessualen Verwertbarkeit wissenschaftlicher Untersuchungen wächst dem Gericht die Stellung eines Obergutachters zu, die es sogleich von sich abzuwälzen sucht. Entweder wird das nichtsachkundige Gericht (deshalb braucht es einen Gutachter!) zum Obergutachter oder der Gutachter zugleich zum Richter über das Gutachten. Die Gerichte werden mangels Beschränkung durch einen Verfahrensgegenstand in einer Weise im Stich gelassen, bei der Mut und Vernunft der Mehrzahl der Richter äußerste Achtung verdienen. Hohe Qualität des „Personals" ist aber bekanntlich keine Rechtfertigung für schlechtes „Management"!

6.3 Daß bisher noch kein genereller Skandal um die Maßregeln entstanden ist, verdanken wir höchst einfachen Tatsachen:

6.3.1 Eine Begrenzung durch einen bestimmbaren Verfahrensgegenstand gibt es nicht.

6.3.2 Die Praxis limitiert die Beweisaufnahme anhand der prozeßförmlichen Verwertbarkeit der Expertisen, der Objektivierbarkeit von Befunden.

6.3.3 Regelmäßig beschränkt sie sich auf die klinische Psychopathologie[71].

6.3.4 *Diese* kluge, aber vielfach angegriffene Selbstbeschränkung liegt nicht auf der Ebene des Gesetzes, sondern der der Rechtsprechung. Sie ist pragmatischer Natur, dem kritischen Test der Reformgesetzgebung ist

---

71 Vgl. dazu in *Göppinger/Witter* (Hrsg): Handbuch der forensischen Psychiatrie, Bd. I, 1972, die Abwandlung eines Titels: „Forschungsrichtungen und Lehrmeinungen in der Psychiatrie: Geschichte, Gegenwart, *forensische* Bedeutung" (*Janzarik*, 588); „Forschungsrichtungen und Lehrmeinungen in der Psychologie (und ihre Bedeutung in foro)" (Huber; 663. Man beachte die Klammer!); „Forschungsrichtungen und Lehrmeinungen in der Psychoanalyse" (*Bräutigam*, 773. Man beachte das Fehlen des Untertitels!).

sie noch nicht ausgesetzt worden, weil § 65 StGB noch nicht in Kraft getreten ist.

6.3.5 Bei Durchsetzung des vollen Explorationsprogramms, bei voller existentieller Analyse, wie sie für die Strafen von den Anhängern personaler Unrechtslehren angeboten werden, fiele selbst die Ersatzsteuerung fort.

6.3.6 Übrig bliebe nur noch eine Kette von Verfassungsbeschwerden, über die eine unübersichtliche Kasuistik von Beweiserhebungs- und -verwertungsverboten zustande käme. Die Liste der verfassungsrechtlichen Entscheidungen zu diesen ist heute schon erschreckend groß[72].

III. Diagnose

Die bisherige Analyse muß noch zu einer Diagnose aufgearbeitet werden.

---

72 Kurz ein Überblick in der Reihenfolge der Veröffentlichung: Die Anordnung einer Liquorentnahme nach § 81a StPO muß in einem angemessenen Verhältnis zur Schwere der Tat stehen: BVerfGE 16, 194 (202); zur Unzulässigkeit der Anordnung einer Hirnluftkammerfüllung: BVerfGE 17, 108 (114); zur Beachtung des Verhältnismäßigkeitsgrundsatzes bei Anordnungen nach § 81a StPO: BVerfGE 27, 211 (218); zur Unverwertbarkeit von Akten eines Ehescheidungsverfahrens durch den Untersuchungsführer in einem Disziplinarverfahren ohne Einverständnis des Ehegatten: BVerfGE 27, 344 (350); zum Verwertungsverbot von bei einem Arzt ohne dessen Zustimmung beschlagnahmten Karteikarten: BVerfGE 32, 378 (384); zur Frage eines Zeugnisverweigerungsrechts von Psychologen, Sozialpädagogen, Sozialarbeitern, Eheberatern usw.: BVerfGE 33, 367 (376); Verwertungsverbot von heimlich aufgenommenen Tonbandaufnahmen: BVerfGE 34, 238 (245); zum Verwertungsverbot von Eintragungen in das BZR: BVerfGE 36, 174 (184); Befugnis zur Zeugnisverweigerung als Bestandteil des Beweiserhebungsrechts: BVerfGE 36, 193 (203); Recht eines Zeugen auf Anwesenheit eines Rechtsbeistandes – Unverwertbarkeit der unter Verletzung dieses Rechts zustandegekommenen Aussage: BVerfGE 38, 105; zur Frage eines Zeugnisverweigerungsrechts für Tierärzte: BVerfG in MDR 1975, 467. – Diese Entscheidungen sind im Zusammenhang mit Verfahren ergangen, in denen die Bestimmung des Verfahrensgegenstandes keine besonderen Probleme aufwarf. Man stelle sich bitte einmal zukünftige Entscheidungen des BVerfG vor, die sich auf Verfahren höchster Materialisierung und Intimität beziehen, kurz: in denen tatsächlich der Täter in seiner ganzen Personalität Gegenstand des Verfahrens ist. Man wäge die provokante Frage: „Ist die *Tat* oder der *Täter* der Gegenstand unseres Urteilens?" (*von Liszt*, Zweckgedanke, zitiert nach „Deutsches Rechtsdenken", H. 6, S. 24.).

1. Ersichtlich stehen „Materialisierung" und „Rechtsstaatlichkeit des Verfahrens" in einem reziproken Verhältnis. Der Gegensatz zu „material" ist „formal", die Benennung von „materialer Gerechtigkeit" und „formaler Rechtssicherheit" als Elemente der Gerechtigkeit alte Juristenweisheit. „Formaljuristisch" gilt heute verbreitet als *Schimpfwort,* ein bemerkenswertes sozialpsychisches Phänomen.

Materiales Denken soll hier nicht verketzert werden, es ist notwendig, um Rechenschaft zu geben, *warum* wir etwas tun. Mit der Rechtfertigung unseres Tuns ist aber die *Form,* in der wir verantwortlich agieren können, noch nicht bestimmt. Die Form ist kein willkürlich wählbares Anhängsel der Sache, sondern wesentliches Element derselben. Diese Einsicht wird heute meist übersehen, vermutlich sogar aus nachvollziehbaren Gründen, die uns aber nicht von der Verantwortung für die Form freistellen. Nicht die Einstellung beschränkt die Macht, sondern die Form. Damit wird der Wert bestimmter Haltungen nicht geleugnet, behauptet wird nur: Auch der aufgeklärte Absolutist ist absoluter Herrscher. Erst die Konstitution beschränkt die Macht durch die Form. Über aller notwendigen materialen Zuwendung zur Sache dürfen wir die *ebenfalls materiellen* Wohltaten der Form nicht vernachlässigen. Hier haben wir den dringendsten Nachholbedarf.

2. Die Form hat Bedeutung für das Funktionieren der materiellen Gewaltenteilung, die ein durchaus dynamisches Wirkungsgefüge zeigt. Ebenso wie der konkrete Tatbestand erst im Verfahren gewonnen wird[73], schaffen Prozeßsubjekte den konkreten Verfahrensgegenstand. Die Elemente der Schöpfung aber müssen gesetzliche sein. Hier hat der Gesetzgeber weitgehend versagt.

3. Das strafrechtliche Rückwirkungsverbot gilt für den Gesetzgeber, nicht für die Rechtsprechung. Dennoch wird heute das Rückwirkungsverbot von Gerichtsentscheidungen ernsthaft diskutiert[74]. Dies ist Symptom für eine Gleichgewichtsstörung zwischen zwei Staatsgewalten. Den Rich-

---

73 Vgl. in Anm. 38.

74 1. Zur Rückwirkung von Gesetzen: BVerfGE 18, 224 (240). –
2. Zum Rückwirkungsverbot bei Entscheidungen:
a) *pro:* LG *Düsseldorf,* NJW 73, 1054; *Baumann,* LB 7. Aufl., 124 f.; *Dürig* in *Maunz-Dürig* Art. 103 II, 4. Aufl.; *Eser* in Schönke-Schröder 18. Aufl. § 2 Rdnr. 9 a m. Nachw.; *Groß,* GA 71, 13 ff.; *Gross:* Rückwirkungsverbot und richterliche Tatbestandsauslegung im Strafrecht, Diss. Freiburg 1969; *Grunsky,* Grenzen der Rückwirkung usw. 1970, 14 ff.; *Hanack,* JZ 67, 297; *Jagusch* in: Straßenverkehrsrecht, 22. Aufl. § 316 Anm. 14 a; *W. Knittel:*

tern ist mit formarmen Gesetzen soviel aufgebürdet, daß das Versagen der Gesetzgebung schon nicht mehr auffällt. So übernimmt die Justiz ohne jede Anmaßung Aufgaben, die eigentlich der Gesetzgeber lösen und verantworten müßte. Die Materialisierungserwartungen der Öffentlichkeit, engagierter Wissenschaftler usw. zu Lasten der Richter sind nachgerade grenzenlos. Entscheidungen wie die des Reichsgerichts zur Stromentziehung[75] mögen heute materiell überraschen, die Wohltat der Form wird jedenfalls nicht mehr gewürdigt. So heißt es noch in einem Lehrbuch von 1932[76]: „Nachdem das Reichsgericht hier – mit Recht – die Anwendbarkeit des § 242 StrGB verneinte / in dankenswert strenger Festhaltung des Grundsatzes nullum crimen sine lege /, wurde die Handlung durch Gesetz vom 8. April 1900 (RGBl. S. 228), dem Bedürfnis entsprechend unter besondere Strafe gestellt."

Entsprechende Entscheidungen sind in Österreich und der Schweiz ergangen. Ein Problem der „Rückwirkung" von Urteilen gab es nicht. Offenbar kommt es auch hier nicht auf den bei Rechtsprechung bzw. Gesetzgebung identischen Inhalt der Setzung an, sondern auf die *Form.*

C. Entscheidungsprobleme bei „Maßregeln der Besserung und Sicherung"

I. „Spurenlehre" und Integration

In jedem beliebigen Kommentar oder Lehrbuch zum StGB steht in irgendeiner Abwandlung der Satz, unser Strafrecht sei hinsichtlich der

---

Zum Problem der Rückwirkung, 1965; *Kohlmann*, Der Begriff des Staatsgeheimnisses usw., 1969, 269 ff.; *Mattil*, GA 65, 129; *Müller-Dietz*, Maurach-Festschrift, 41; *Naucke*, NJW 68, 758; *Schreiber*, JZ 73, 713 (718).

b) *contra:* BGH bei *Dallinger* in MDR 70, 196; KG NJW 67, 1766; KG VRS 32, 264; *Bockelmann*, Niederschriften III, 289 und Strafrecht AT 2. Aufl. S. 22; *Haffke*, Das Rückwirkungsverbot des Art. 103 II GG bei Änderungen der Rspr. zum materiellen Recht, Diss. Göttingen 1970; *Jescheck*, AT 2. Aufl. S. 110 Anm. 33; *Maurach* AT 4. Aufl. 137; *Rudolphi*, Unrechtsbewußtsein usw. 1969, 97 ff.; *Schmidhäuser*, AT 2. Aufl. 109 f.; *Straßburg*, ZStW 82, 948; *Stree*, Deliktsfolgen und Grundges. 1960, 80 ff.; *Tröndle*, in LK 9. Aufl. § 2 Rdnr. 53; *Welzel*, LB 11. Aufl. 462.

75 RGSt 32, 165 mit sehr eingehender Begründung.

76 *von Hippel*, Lehrbuch des Strafrechts, S. 245 nebst Anm. 5.

Rechtsfolgen „zweispurig"[77]. Analysiert man diese „Spurenlehre", die sachlich so alt ist wie die Reformbewegung[78], so zeigt sich, daß sie vor allem der *Darstellung* einer unspezifischen Vereinigungstheorie der Sanktionszwecke dient. Dieser Befund ist auf dem Hintergrund der positivrechtlichen Unmöglichkeit einer Fortführung des *alten* Schulenstreits seit dem „Gesetz gegen gefährliche Gewohnheitsverbrecher und über Maßregeln der Sicherung und Besserung" vom 24. Nov. 1933 (RGBl. I 995 ff.) zu sehen[79]. Entsprechend treten gerade die für Tatrichter besonders wichtigen entscheidungstheoretischen Probleme in der diesen zur Verfügung stehenden Standardliteratur[80] in den Hintergrund. Dies ist um so bemerkenswerter, weil das neue Maßregelrecht sowohl eine neue Rangfolge der Zwecke signalisiert[81], als auch bei der Sicherungsverwahrung erstmals gesetzliche rechtsstaatliche Garantien enthält[82]. Die materielle Zuordnung der Maßregeln zum *Strafrecht* ist heute noch nicht geleistet und ist vielleicht noch nicht einmal anzustreben. Durch Ausklammern des Grundlagenstreits ist das fortbestehende Zuordnungsproblem sogar unklarer geworden.

---

77 Vgl. statt aller: *Stree*, in Schönke-Schröder, 18. Aufl. Rdnr. 4, 19 vor § 38 und 1 vor § 61; *Horn* in SK Rdnr. 5 ff. zu § 61, der a. a. O. Rdnr. 8 weiter auf „zumindest ‚drei Spuren'" hinweist.

78 Die viel weiterreichenden Strafrechtserneuerungen durch CCC, ALR, BayStGB 1813, PrStGB 1851, StGB des Norddeutschen Bundes und die kaum zu überschätzende Bedeutung der Arbeit von ganzen Wissenschaftlergenerationen am Gemeinen Recht als Grundlage der großen Reichsgesetze, die für den ganzen Rechtskreis des kodifizierten Rechts einen Maßstab gesetzt haben, bleiben heute regelmäßig unerörtert. Die selbstverständliche Einbeziehung der historischen Dimension (vgl. insbes. *Eb. Schmidt*, Geschichte der deutschen Strafrechtspflege, 3. Aufl. 1965, und *Rob v. Hippel*, Deutsches Strafrecht I, 1925) in die Strafrechtsdogmatik hat bei jüngeren Wissenschaftlern ebenso wenig Vergleichsstücke wie die große „Vergleichende Darstellung des deutschen und ausländischen Strafrechts" (16 Bände, 1906–1909).

79 Vgl. auf der pragmatisch besonders wichtigen Ebene der Standardliteratur die Vorbemerkungen von *Stree* in Schönke-Schröder vor § 38.

80 Obere Preisgrenze für den Handapparat eines Spruchkörpers oder Dezernenten der Staatsanwaltschaft, mit dem der größte Teil der Praxis schon aus Zeitgründen bestritten werden muß: Schönke-Schröder. Meist liegt sie sogar erheblich niedriger. Der LK steht in den zentralen Bibliotheken, also regelmäßig „außer Reichweite". Hinzuzurechnen ist für die „Alltagspraxis" bis zu einem gewissen Grade noch die umfangreiche Entscheidungsdokumentation in der privat bezogenen NJW.

81 Nunmehr: „Maßregeln der Besserung und Sicherung".

82 Die des Strafrechts (z. B. Rückwirkungsverbot) galten ebenso wenig wie die des Verwaltungsrechts (z. B. Verhältnismäßigkeitsgrundsatz; vgl. jetzt § 62 StGB).

Nach 1933 läßt sich der *verwaltungsrechtliche* Charakter in der prozessualen Form strafrichterlicher „Freiwilliger Gerichtsbarkeit" noch deutlich in der Standardliteratur nachweisen:

„Indem die . . . Vorschriften dem Strafrichter die Anordnung der Maßregeln der Sicherung und Besserung übertragen, weisen sie ihm eine Aufgabe zu, die von seiner Hauptaufgabe durchaus verschieden ist. Während der Strafrichter vornehmlich berufen ist, begangenes Unrecht durch Strafe zu vergelten, liegt es ihm auf Grund jener Vorschriften ausnahmsweise ob, zum Schutz der Allgemeinheit vor gefährlichen Menschen beizutragen, also eine *Aufgabe polizeilicher Art* zu erfüllen. Ein erspießliches Wirken des Strafrichters auf dem Gebiete ... ist nur gewährleistet, wenn der Richter den tiefgreifenden Unterschied – dort Erwiderung auf Geschehenes, hier *Abwehr eines in Zukunft drohenden Übels* – stets im Auge behält."[83]

Nach dem Kriege ist das „Gewohnheitsverbrechergesetz" keineswegs en bloc vom Kontrollrat aufgehoben worden. Dafür werden Aussagen über die Zuordnung zunehmend interpretationsbedürftig:

„Die s. M. sind so eingreifender Art, daß sie strenger richterlicher Kontrolle und der richterlichen Garantien bedürfen, sie können der Verwaltung nicht überlassen bleiben, obwohl sie nicht Strafen sind. Infolgedessen sind sie nicht nur aus Zweckmäßigkeit dem Strafverfahren zugewiesen, sie gehören der Sache nach dorthin."[84]

Heute gilt das Maßregelrecht offenbar per omissionem oder fictionem als in irgendeinem Sinne „originäres Strafrecht", wenn auch mit einigen Besonderheiten, insbesondere einer gesteigerten heilsamen oder in sonstiger Weise „humanen" Zuwendung zum Täter. Dabei wird nur die *Rechtsfolgenseite* gesehen, während die Bemühungen um die Integration in das Strafrecht der Rechtsgeschichte zugewiesen werden:

„Keine Bedeutung mehr haben heute die früher gelegentlich vertretenen *dualistischen Verbrechenslehren,* die den Begriff des Täters in die Verbrechensdefinition einführten und eine Aufteilung der herkömmlichen Verbrechensmerkmale zwischen Tat und Täter forderten."[85]

---

83 *v. Olshausen,* 12. Aufl., 1a Nr. 7 zu § 42, Hervorhebungen vom Verf. Vgl. weiter z. B. bei *Welzel,* Der allgemeine Teil des deutschen Strafrechts, 1940, S. 114: „Diese Maßregeln können dabei rein sicherheitspolizeilicher Natur sein, wie die Sicherungsverwahrung . . .".

84 *Jagusch* in LK, 8. Aufl. III 1 vor § 42a.

85 *Lenckner* in Schönke-Schröder Rdnr. 22 vor § 13.

Offenbar hat es der für die Praxis wichtigste Teil der Theorie verstanden, sich mit der „Spurenlehre" durchaus behaglich einzurichten, indem man den unausgetragenen, nur der Form nach erledigten *Grundlagenstreit* in den Untergrund verweist, und die Problembewältigung als „wechselnde Kommentierung"[86] aus der Kasuistik der Praxis entnimmt.

Die klarste Auskunft gibt die viel unmittelbarer praxisorientierte Prozeßrechtslehre:

> „Den Strafgerichten ist hier – nach den Vorstellungen des früheren Rechts – eine von Haus aus materiell polizeiliche Aufgabe, die *Verbrechensverhütung,* übertragen, wie sich schon daraus ergibt, daß ein Teil dieser Maßnahmen auch unabhängig von einem Strafverfahren von den zuständigen Verwaltungsbehörden angeordnet werden kann. Einzelne Maßnahmen . . . können sogar – und darin zeigt sich der materiell präventiv-polizeiliche Charakter besonders deutlich – abweichend von der sonst für Urteile geltenden Regel . . . unter bestimmten Voraussetzungen vorläufig . . . durch gerichtlichen Beschluß angeordnet werden. Zunächst haben *prozeßökonomische Gesichtspunkte* zu dieser Erweiterung des strafrichterlichen Aufgabenbereichs geführt. . . .
> Aber mehr und mehr tritt als Ergebnis der Reformideen der soziologischen Strafrechtschule der Gedanke in den Vordergrund, daß es sich bei dieser Erweiterung des Aufgabensbereichs des Strafrichters gar nicht um eine nur mit Zweckmäßigkeitserwägungen begründbare Koppelung seiner ‚eigentlichen' Aufgaben mit materiell außerstrafrechtlichen handelt, sondern um eine legitime *Erweiterung* seiner *spezifisch strafrichterlichen Aufgaben,* die sich aus dem Wandel der Anschauungen über Ziel und Zweck des Strafrechts und des Strafverfahrens ergibt . . . . Die Verbrechensverhütung ist damit zu einem Bestandteil der den Strafrechtspflegeorganen übertragenen Verbrechensbekämpfung geworden . . . ."[87]

Bedenken gegenüber der übertragenen Aufgabe sind als Zwischentöne wohl kaum überhörbar.

Das von mir entworfene Bild ist sicherlich nicht zuletzt wegen der pragmatisch wichtigen Verengung auf die – eigenen Darstellungszwängen

86 Wechsel zwischen Stand- und Spielbein in der „Antinomie der Strafzwecke".

87 *Schäfer* in Löwe-Rosenberg 23. Aufl., 1. Lieferung 1976, Einleitung, Kap. 6, Rdnr. 33f.

unterliegende – Standardliteratur durchaus *über*zeichnet, ebenso gewiß aber auch nicht *ver*zeichnet. Zu welchen Problemen führt das?

II.1. Maßregelrecht als Verwaltungsrecht

Behauptung:

Auch heute noch ist das Maßregelrecht *Verwaltungsrecht,* dessen Anwendung den Strafgerichten durch Regelung in StGB und StPO i.V.m. GVG als „Freiwillige Gerichtsbarkeit" sowohl aus Gründen „der richterlichen Garantien"[88], als auch der rationellen Nutzung der Entscheidungsgrundlagen übertragen ist.[89]

Die Behauptung stützt sich insbesondere auf folgende *Gründe:*

1 a) Für „die Strafe und ihre Nebenfolgen" gilt das Rückwirkungsverbot (§ 2 I–V StGB), für die „Maßregeln der Besserung und Sicherung" nicht (§ 2 VI StGB). Das Rückwirkungsverbot ist die wichtigste rechtsstaatliche Garantie des Strafrechts[90] und hat Verfassungsrang (Art. 103 II GG). Es ist unmöglich, den Rechtssatz so in einen (morphologischen)[91] Tatbestand und eine (abstrakte) Rechtsfolgenanordnung zu zerlegen, daß Artikel 103 II GG nur für die Tatbestandsseite gilt: Mit solcher Zergliederung zerfällt der Rechtssatz in Teile, die keine Rechtssatzqualität mehr haben. Der Partikel „Wer ... wird" ist ebenso belanglos und willkürlich ergänzbar, wie der „wird ... wegen ... mit". Diese Zerlegbarkeit hat interessanterweise auch noch niemand behauptet. Vielmehr finden sich zunehmend Interpretationsregeln für die Tatbestandsseite, die von der Rechtsfolgenregelung abgeleitet werden[92].

1 b) § 62 StGB gilt nur für Maßregeln, nicht für Strafen und deren Nebenfolgen.

---

88 *Jagusch* in LK 8. Aufl., Vorbem. III 1 vor § 42a.

89 Diese Behauptung wird wegen des nicht mehr offen geführten Grundlagenstreits angesichts des „neuen Gesetzes" den Theoretikern sicherlich mehr Ärger bereiten als den Praktikern, die mit den Problemen jenseits solcher Klassifikationen fertig zu werden haben.

90 Vgl. das Motto dieser Abhandlung.

91 I.S.d. Lehre vom Rechtssatz: Ein vollständiger Rechtssatz umfaßt Tatbestands- und Rechtsfolgenbeschreibung.

92 Altehrwürdiges kodifikatorisches Beispiel: §§ 23, 12 StGB.

Der Grundsatz der Verhältnismäßigkeit ist die wichtigste rechtsstaatliche Garantie des *Verwaltungsrechtes*[93]. Besonderheit von § 62 StGB ist die Gesetzesqualität, da die allgemeinen Grundsätze des Verwaltungsrechts bisher nicht vertypt sind.

2 a) *Re*-Aktion oder *Re*-Pression (auch in erzieherischer oder *re*-sozialisierender Form der Spezialprävention) ist *der* Aktionsmodus des Strafrechts. Er ist nicht erst durch den Schuldgrundsatz vorgezeichnet, sondern bereits durch den Grundsatz „nullum crimen, nulla poena sine lege", der in dem Rückwirkungsverbot enthalten ist. Der materielle Unrechtsgehalt wird von dem Zeitpunkt des Inkrafttretens eines Gesetzes vielfach überhaupt nicht berührt. Das Strafrecht ist also durch seine eigenen Garantien und die der Verfassung zeitlich begrenzt, ist rückwärts gewandt.

2 b) Auch im Verwaltungsrecht kommen zunehmend – nicht zuletzt durch „Entkriminalisierung" ganzer Bereiche früheren Strafrechts – reaktive Entscheidungen vor. Daraus ein Argument abzuleiten, wäre verfehlt. In der Hoheitsverwaltung[94] berühren sich die Aufgaben mit denen des Strafrechts am stärksten bei Verleihung/Entzug einer Approbation, Bußgeld, Gefahrenabwehr, Einweisung. Die Entziehung der Fahrerlaubnis ist sogar „zweigleisig" geregelt. Grundlage der Verwaltungsakte ist immer ein in die Zukunft gerichtetes Zweckmäßigkeitsmoment. Interessantes Anschauungsmaterial bietet der prinzipielle Ausschluß der Zweckmäßigkeit aus der gerichtlichen Überprüfung von Verwaltungsakten einerseits und die Rechtswidrigkeit des „absolut untauglichen" oder gar „abergläubischen Versuchs" der Zweckerreichung andererseits.

3 a) Die strafrechtliche Schuldfrage ist immer auf die Vergangenheit bezogen, die Straffrage kann – je nach gesetzlicher oder sonstiger Doktrin – auf die Zukunft orientiert werden. Es „wird überwiegend die so-

---

93 Selbstverständlich gilt der Verfassungsgrundsatz auch in anderen Rechtsgebieten. Im Verwaltungsrecht hat er aber einen anderen Stellenwert, ist er zentral. Nullum crimen, Unschuldsvermutung, ne bis in idem, Schuldgrundsatz usw. setzen dem traditionellen Strafrecht so enge Grenzen, daß für ihn praktisch der Anwendungsbereich fehlt. Eine gemeinsame Rückführung auf das Rechtsstaatsprinzip hat keinen funktionalen Erkenntniswert. Deshalb wird hier auf einen Streit um Begriffe verzichtet.

94 In der Leistungsverwaltung in ganzen Bereichen nahezu ausschließlich, man denke nur an die zahlreichen „Entwicklungspläne", bei denen vielfach selbst Finanzminister und Kämmerer die Folgekosten zu wenig bedacht haben.

genannte *Spielraumtheorie* vertreten"[95], hinter der sich der unausgetragene Grundlagenstreit trefflich verbergen läßt. Dies gilt zwar nur bis zur „Obergrenze des Spielraumes", die aber genug zuzudecken erlaubt[96].

3 b) Bereits die Frage nach der Tatbestandsmäßigkeit im Sinne der Summe der notwendigen Bedingungen für die Rechtsfolge „Maßregel" ist nicht ausschließlich historisch determiniert, sondern enthält „futuristische" Momente der Diagnose und Prognose. Hierüber kann sich nur täuschen, wer meint, der Tatbestand des Maßregel-Rechtssatzes sei mit dem jeweiligen Deliktstypus (einschließlich Prüfung von Idealkonkurrenzen) statuiert. §§ 63 ff. StGB fügen dem jeweiligen Maßregeltatbestand wesentliche Elemente hinzu, die alle prinzipiell „futuristische" sind.

4 a) Da die über den deliktstypisierenden Teil des Straftatbestandes hinausgehenden Rechtsfolgenbedingungen nicht an Symptomtaten *als unwiderlegliche Vermutung* anknüpfen, ist eine Kommentierung auch nur in Form von „typischen Fallgruppen" praktisch unmöglich. Eine rein kasuistische Aufbereitung der gerichtlichen Erkenntnisse etwa im Stile von *Warneyer* wäre aber immerhin hilfreich.

4 b) Wegen des „futuristischen" Anteils bei den Maßregelvoraussetzungen versagt notwendig sowohl die *strafrechtliche* Rechtfertigung von Rechtsfolgenandrohungen und -anordnungen[97], als auch die nirgendwo ausformulierte, aber praktizierte *straf*richterliche Entscheidungstheorie.

II.2 Entscheidungsprobleme bei „futuristischen" Entscheidungsgrundlagen

Damit stellt sich die Frage nach den Entscheidungsproblemen bei „futuristischen" Entscheidungsgrundlagen, die von den allgemeinen Entscheidungsproblemen abzuheben sind.

1 a) Die Entscheidung über den Sachverhalt im Hinblick auf die Rechtsfolge „Strafe" bezieht sich zumindest seit der Streichung von § 20 a StGB aF prinzipiell auf statische, abgeschlossene Sachverhalte. Maßgeblich ist der Zeitpunkt der Urteilsfindung, und mögliche zukünf-

---

95 *Stree* in Schönke-Schröder Rdnr. 10 vor § 38 mit Nachw.

96 Dies ist eine Beschreibung dessen, wie sich diese Theorie nutzen läßt, aber keine Kritik an der Theorie, die eine wichtige erkenntnistheoretische Aussage fixiert.

97 Sie ist anhand des *Straf*rechts gewonnen!

tige Entwicklungen[98] bleiben außer Ansatz. Das logische Urteil ist zumindest assertorisch, wenn nicht gar ausnahmsweise einmal apodiktisch, problematische Urteile führen zum Freispruch. Gelegentlich des Verfahrens gewonnene Erkenntnisse, die in der Zukunft erheblich sein können, gehen in das Urteil nicht ein. Sie werden nicht urteils-, sondern karteimäßig erfaßt[99]. Einzelne deliktstypische Momente z. B. der Dauer[100] werden auf der normativen Ebene *als statisches Moment der objektiven Ungewißheit* gedeutet[101] und auf der Ebene der Sachverhaltsgewinnung entsprechend festgestellt. Die „Diagnose" enthält auch dann keine „Prognose", wie etwa die „Verlaufsprognose" in der Medizin, wenn zur Sachverhaltsaufklärung Experimente vorgenommen werden, z. B. ein Geschoß zu Vergleichszwecken abgefeuert wird.

Lediglich bei der Strafzumessung spielen „Verlaufsprognosen" eine Rolle[102]. Im Erwachsenenstrafrecht kommen in der Praxis Ausdrücke wie „möglicherweise" oder „es ist nicht auszuschließen" immer nur bei strafmildernden Erwägungen vor: „Möglicherweise" wird der Angeklagte sich durch die Verurteilung von der Begehung weiterer Straftaten abhalten lassen, „es ist nicht auszuschließen", daß er nunmehr ein geordnetes Leben führen wird usw.

Garant für die „historische" Entscheidungsgrundlage ist der prinzipiell statische Tatbestand[103]. Die Strafzumessung mag von dieser Grundlage *gedanklich* in der Ausweitung der Strafzwecke losgelöst werden:

Das Einzeltatschuldprinzip garantiert den auch für die Strafzumessung notwendigen Bezug. *Mezgers* Idee einer Lebensführungsschuld hat sich nicht zuletzt deshalb auch nicht durchsetzen können.

1 b) Demgegenüber sind die Maßregeltatbestände als Voraussetzung der Rechtsfolgenanordnung grundlegend anders strukturiert. Sie enthal-

---

98 Z. B. Erfolgsqualifizierungen etwa der §§ 224, 226 StGB, die sogar „mit an Sicherheit grenzender Wahrscheinlichkeit" erwartet werden, bleiben ausgeschlossen. Die Prozeßsubjekte haben lediglich einige Möglichkeiten, den Urteilszeitpunkt herauszuschieben.

99 Z. B. modus operandi.

100 Z. B. „dauernd entstellt" oder „in Geisteskrankheit verfällt" in § 224 StGB.

101 Vgl. im einzelnen: *R v. Hippel:* Gefahrurteile und Prognoseentscheidungen in der Strafrechtspraxis, 1972, 88 ff.

102 Das JGG muß auch hier ausgeklammert bleiben, da es möglicherweise gleichfalls verwaltungsrechtliche Züge trägt.

103 Der auf prozessualer Ebene Voraussetzung für die Bestimmbarkeit des Verfahrensgegenstandes ist.

ten allerdings *auch* die Verwirklichung einer Straftat als notwendige Bedingung der Rechtsfolge. Dies rechtfertigt aber nicht, Straf- und Maßregeltatbestände[104] als identisch anzusehen. Sowenig eine Deutung des Straftatbestandes als Symptomtat nach der geltenden Rechtsdoktrin zulässig ist, so sehr ist bereits die Straftat beim Maßregeltatbestand diagnostisch und prognostisch zu durchdringen. Dies wird wegen der regelmäßig isoliert vom Besonderen Teil betriebenen Exegese der §§ 61 ff. StGB weitgehend übersehen. Hinzu kommt eine z. T. weitgehende Spezialisierung des Tatbestandes im morphologischen Sinne je nach Bezug auf Strafen oder Maßregeln als Rechtsfolge. So ist z. B. die Schuldfähigkeit Voraussetzung der Strafbarkeit, bei der Unterbringung in einem psychiatrischen Krankenhaus dagegen deren Fehlen oder zumindest Beeinträchtigung (§ 63 StGB). Hieraus ergeben sich besondere Entscheidungsprobleme, die bei den Straftatbeständen nicht entsprechend vorgeformt sind. Spätestens auf dieser Stufe der Analyse kehren deshalb Probleme wieder, die man gerne für wenigstens dem Grunde nach überwunden halten möchte.

III.1 „Spurenlehre", Zwecke, Rechtfertigung

Die griffige Formel von der „Zweispurigkeit" erlaubt nicht nur eine gefällige Darstellung der Zwecke (Straftatbestandszwecke, Strafbemessungszwecke, Strafzumessungszwecke, Strafvollstreckungszwecke, Maßregeltatbestandszwecke, Maßregelverhängungszwecke, Maßregelvollstrekkungszwecke), sondern auch der Rechtfertigungsproblematik des Straf- und Maßregelrechts. So versagt notwendig bei den Maßregeln die scheinbare Harmonisierung der Strafzwecke durch gemeinsames Bekenntnis zum Schuldgrundsatz.

Die Maßregeln sind an ihn gerade nicht gebunden. Sie beziehen sich z. T. sogar auf schuldunfähige Täter. Die Vollstreckung der Maßregeln, die neben der Strafe angeordnet werden und eben deshalb die Schuldstrafe übersteigen, vor der Strafe (§ 67 I, IV, V) vermag zwar ein Verdrängen der Problematik zu erleichtern, nicht aber diese zu eliminieren. Dies ergibt sich schon aus dem Gesetz (§ 67 II, III, V). Eine Rechtfertigung der so disparaten Maßregeln, für die der Gesetzgeber bereits den Zusatz „der Besserung" und „der Sicherung" für nötig hält, ist natürlich nur auf einem nicht unbeträchtlichen Abstraktionsniveau möglich. Sie

104 Siehe in Anm. 91.

lautet dann ebenso unangenehm verwaltungsrechtlich wie treffend:

> Maßregeln der Besserung und Sicherung sind Eingriffe des Staates über die Organisation der ordentlichen Strafgerichtsbarkeit in das Leben von Störern zum Zwecke der Gefahrenabwehr nach den Regeln des StGB, insbesondere der unselbständigen Rechtssätze der §§ 61 ff.

Die einzelnen Maßregeln lassen sich z. B. als stationäre und ambulante klassifizieren, ferner mit einigen Überschneidungen als „sichernde" (repressiv-prohibitive) und „bessernde" (therapeutisch-prohibitive) usw. Ersichtlich ist das Rechtfertigungsproblem damit noch nicht erledigt. Die Rechtfertigung hängt z. B. bei den freiheitsentziehenden Maßregeln insbesondere davon ab, ob etwa die nach § 67e StGB vorgeschriebene Überprüfung erkenntnis- wie entscheidungstheoretisch valutiert ist usf. Diese Präliminarien sind wichtig, weil bei den Entscheidungsproblemen nur exemplifizierend gearbeitet werden kann.

III.2 Entscheidungsprobleme bei den Maßregeln und Prozeß

Doch nun zu den Entscheidungsproblemen. Gerade wegen der nuancenreichen Reformgesetzgebung empfiehlt es sich, mit Thesen zu beginnen:

These 1

> Durch die Zuweisung von materiellem Verwaltungsrecht an die ordentliche Strafgerichtsbarkeit sind die Entscheidungen durch das Verfahren einschließlich der Rechtsfigur der Rechtskraft stärker auf Endgültigkeit hin angelegt, als es dem Verwaltungsrecht entspricht.

These 2

> Dem dynamischen Erkenntnisobjekt entspricht das im Hinblick auf Straftatbestände entwickelte strafprozessuale Erkenntnisverfahren nur unzureichend[105].

These 3

> In vergleichbaren außerrechtlichen Entscheidungssituationen werden Strategien praktiziert, die teils aus rechtsideologischen, teils aus faktischen Gründen nicht ohne weiteres übernommen werden können.

---

105 So haben §§ 154, 233, 260 IV, 263 I, 268 a II, 331 II, 358 II, 456 a, 456 b, 463, 465 StPO mit den Entscheidungsproblemen bei dynamischen Erkenntnisobjekten nichts zu tun.

These 4

Die Zuweisung von Entscheidungen an die Strafjustiz führt zu einer Verschärfung der Entscheidungszwänge.

Selbstverständlich dienen die Thesen nur der gedanklichen Vorinformation, nicht aber als Gliederung, denn sie gehen notwendig ineinander über.

Entscheidungen über dynamische Erkenntnisobjekte, Entscheidungen mit futuristischen Zügen, wie ich sie bisher genannt habe, sind entscheidungstheoretisch *Entscheidungen unter Ungewißheit.*

Die im Strafprozeß zu treffende Entscheidung über den Sachverhalt setzt *Gewißheit* voraus (§ 261 StPO), auch wenn diese Gewißheit vielleicht als subjektive Wahrscheinlichkeit gedeutet werden muß. Ungewißheit geht zu Lasten der Staatskasse, auf deren Kosten freizusprechen ist. Die manchmal durchaus mögliche subjektive Gewißheit, es sei *zweckmäßig,* den Angeklagten zu verurteilen, darf daran nichts ändern. Der Strafzumessungssachverhalt setzt die Feststellung des zur Verurteilung notwendigen Sachverhalts voraus, erlaubt aber nicht, Lücken in der Sachverhaltsfeststellung aus Zweckmäßigkeitserwägungen zu kompensieren. Gerade das moderne Rechtsgefühl hat sich als so empfindlich erwiesen, daß nicht nur die unerträgliche Verdachtsstrafe (die durchaus zweckmäßig gewesen sein kann) in der Reichs-StPO nicht mehr enthalten ist, sondern sogar durchaus unproblematische Tatbestände gestrichen worden sind: ad exemplum § 245a. Die „Entschärfung" des § 259 StGB belegt dies vielleicht noch eindrucksvoller, weil die starre deliktstypische Differenzierung zwischen Vorsatz und Fahrlässigkeit hinsichtlich einzelner Elemente gerade durch das moderne Schema des § 315 c StGB zuvor ohne Widerspruch aufgebrochen worden ist. Zahlreiche weitere Beispiele ließen sich anführen.

Der relativ feste Boden von Sachverhaltsfeststellungen über die Vergangenheit wird z. B. durch formal anzugebende Rückfallvoraussetzungen nicht verändert. § 244 aF (Diebstahl im 2. Rückfall) stellte eine anamnestisch einfachere Aufgabe, als die jetzige Regelung im Allgemeinen Teil mit der in § 48 vorgeschriebenen Würdigung. Die Materialisierung hält sich zwar noch im Rahmen dessen, was Richtern in der Strafrechtspflege alltäglich zugemutet wird, ersichtlich geht aber ein Stück Sicherheit und damit Praktikabilität verloren[106]. Begreift man die Aufgabe der Gesetz-

106 Interessant wäre z. B. eine Statistik über die Zunahme entsprechender Revisionen.

gebung als Ausbalancieren von materialer Gerechtigkeit, formaler Rechtssicherheit und Praktikabilität, so ist hier nur eine Gewichtsverschiebung, aber noch keine Gleichgewichtsstörung festzustellen. Das Beispiel bietet aber Anlaß, die Möglichkeit nicht mehr praktikabler Gesetze in Betracht zu ziehen.

Wie sehr die Entscheidungsgrundlagen im Verwaltungsrecht abweichen, zeigt am besten die VwGO. Der Grundsatz der Unmittelbarkeit der Beweisaufnahme gilt ebensowenig durchgehend wie der Suspensiveffekt von Rechtsmitteln, subsidiär gilt die ZPO, nicht die StPO usw. Für das Verwaltungshandeln ist die Zukunftsorientierung selbstverständlich, ebenso selbstverständlich können Entscheidungen vorläufig sein. Im schlimmsten Fall sind Korrekturen bei unerwarteten Entwicklungen um den Preis der Entschädigung nachträglich möglich usw. All dies ist aber noch peripher, Grundlage des Handelns der Exekutive sollte (zumindest außerhalb der Wahlkämpfe) stets ein angebbarer Zweck sein. Zweckerreichung ist aber nahezu immer zukunftsorientiert. Lediglich, wenn ein *generalisierter* Zweck die spezialisierte Verhängung von Sanktionen gebietet, braucht die Sanktion *selbst* nicht notwendig zweckhaft zu sein. *Feuerbach* hat die Verhängung der Strafe in dieser Weise auf die Generalprävention der Strafandrohung bezogen, *von Liszt* hat ebenso konsequent die reine Zweckstrafe verlangt und die Generalprävention verworfen. Die Folgen aus dieser Antithetik treffen heute noch, trotz „Spurenlehre“ und dem bloß verbalen Kitt der Aussage: Das Strafrecht gehört zum Öffentlichen Recht. *Feuerbach* hat auch heute noch recht mit dem aus seinem Ansatz zu folgernden Grundsatz der relativen Zweckfreiheit der Strafverhängung als *solcher,* denn er folgt zwingend aus den strafrechtlichen Garantien des Rechtsstaates[107], als dessen Begründer ihn kürzlich noch der Bundesminister der Justiz bezeichnet hat[108]. Zweckfreiheit der Strafverhängung *als solcher* ist ein Rechtsstaatsgebot *bei der Tatbestandsfrage,* dessen Erfüllung ein statisches Erkenntnisobjekt voraussetzt. Ausdrücklich sei hinzugefügt, daß damit Differenzierungen bei der Strafzumessung etwa innerhalb des Rahmens der Spielraumtheorie nicht ausgeschlossen sind. Die Organisation des Vollzuges oder die Erstellung von individuellen

---

107 Das Rechtsstaatsprinzip gilt zwar noch unangefochten, doch gibt es zahlreiche Ansätze der Aushöhlung, insbesondere auch bei der Ausdehnung des Opportunitätsprinzips.

108 *H. J. Vogel:* Begründer des Rechtsstaats. Zum Geburtstag von Paul Johann Anselm von Feuerbach. In: recht, 1975, 191 ff.

Vollstreckungsplänen ist ohnehin unmittelbar am Verfassungsrecht, insbesondere der Grenze der Einschränkung von Grundrechten zu messen.

Aber auch auf der Rechtsfolgenseite gibt es rechtsstaatliche Einschränkungen: ne bis in idem, wie überhaupt das Prinzip der Endgültigkeit strafrechtlicher Entscheidungen (Rechtskraftprinzip) verbietet z.B. nachträgliche Straferhöhungen im Beschlußwege, auch wenn sie innerhalb der durch die Einzeltatschuld gesetzten Grenzen bleiben.

Wie sehen die Probleme bei den Maßregeln aus?

Differenzierung nach einzelnen Maßregeln als Rechtsfolge und Maßregeltatbeständen, die aus den Deliktstypen (einschließlich der Klammer der Idealkonkurrenz) des Besonderen Teils (einschließlich des Nebenstrafrechts) und den Tatbestandsmodifizierungen durch die §§ 61 ff. StGB zu bilden wären, führten zu einem Handbuch. Glücklicherweise kommt es in unserem Zusammenhang auch nur darauf an, das Vorkommen anders strukturierter Entscheidungsprobleme nachzuweisen.

Von den Gesetzestexten zeigt § 63 am deutlichsten, worum es geht[109]: Vorgeschrieben ist eine Diagnose[110] („Gesamtwürdigung des Täters und der Tat") mit Verlaufsprognose („daß von ihm in Folge seines Zustandes erhebliche rechtswidrige Taten zu erwarten sind"), die ein Gefährlichkeitsurteil induzieren („und er deshalb für die Allgemeinheit gefährlich ist"). Untersuchen wir einmal diese Partikel im Hinblick auf die Entscheidungsprobleme des Richters, also jenseits der Dogmatik des materiellen Strafrechts:

Die „Gesamtwürdigung des Täters und seiner Tat" scheint auf einem statischen Erkenntnisobjekt aufzubauen. Folgerichtig schreibt deshalb

---

109 Offenbar weil die Unterbringung in einem psychiatrischen Krankenhaus einmal bereits als durch die Unterbringungsgesetze der Länder verwaltungsrechtlich gerechtfertigt und zum anderen als in irgendeiner Weise fürsorglich-human gilt. Besonders deutlich *Stree* in Schönke-Schröder Rdnr. 2 vor §§ 61 ff.: Die Maßregeln „finden ihre *Rechtfertigung* in dem Sicherungsbedürfnis der staatlichen Gemeinschaft *sowie in ihrer Verpflichtung, besserungsfähige Täter nach Möglichkeit zu resozialisieren*" (letzte Hervorhebung von mir). Selbst wenn man diese Ansprüche als richtig unterstellt, bliebe immer noch die bittere Frage, ob die Rechtsstaatlichkeit nicht auch durch pure Humanität exmittiert werden kann.

110 Um nicht dogmatisch kurzzuschließen, benutze ich hier die medizinische Terminologie. *Dogmatische* Klärung interessiert hier zunächst überhaupt nicht.

Horn in dankenswerter Klarheit: „*Allein die* in der Tat zu Tage getretene künftige *Gefährlichkeit des Täters* ist . . . Anknüpfungspunkt."[111]

Aber ist die Aussage wirklich klar? Was ist nun eigentlich der „Anknüpfungspunkt"? Die *in der Tat* „zu Tage getretene" Gefährlichkeit, die „zu Tage getretene" Gefährlichkeit *des Täters* oder gar die „*künftige* Gefährlichkeit des Täters"? Was ist überhaupt „zu Tage getreten"? Die §§ 80a, 81, 126a StPO geben hierauf keine Antwort, setzen sie vielmehr voraus, um den Auftrag des Gutachters umreißen zu können. Welchen Gutachterauftrag darf das Gericht rechtens erteilen?

Kurz eine weitere Kommentierung, die besonders eng an die Praxis anschließt[112]: „*die Gesamtwürdigung des Täters und seiner Tat* (die Symptomtat) muß zu einer *negativen Gefährlichkeitsprognose* doppelter Art führen"[113]. Diese hat „sich auch auf etwaige frühere Taten des Täters zu erstrecken."[114] „Das Ergebnis muß sein, daß von dem Täter *infolge seines Zustandes* (Kausalität) weitere Taten zu erwarten sind . . . . Die Taten müssen zu *erwarten* sein . . ."[115]. „Daß im Mittelpunkt auch hier Taten stehen, die das Gefühl der Rechtssicherheit der Bevölkerung zu beeinträchtigen geeignet sind . . . ergibt sich daraus, daß *der Täter für die Allgemeinheit gefährlich* sein muß, und zwar *deshalb,* weil erhebliche Taten von ihm zu erwarten sind (Kausalität)"[116, 117].

Bereits der Satzbau des letzten Zitats verrät Unsicherheit. Die „doppelte Prognose" bleibt ebenso unklar wie der Versuch, mit Zurechnungsschemata (Kausalität) die Probleme analytisch zu durchdringen. Eindeu-

---

111 In SK Rdnr. 4 zu § 61, Hervorhebungen von *Horn.* Man beachte die Verschiedenartigkeit der Aussage, je nach dem man nur den herausgehobenen Teil oder den vollständigen Satz liest.

112 *Dreher,* StGB 36. Aufl.; alle Hervorhebungen von *Dreher.*

113 a. a. O, Rdnr. 5 zu § 63.

114 a. a. O., Rdnr. 6 mit Verweisung: „Gilt 17 zu § 66 sinngemäß". Unter Rdnr. 17 zu § 66 wird mit zahlreichen Rechtsprechungsnachweisen insbes. auf eine *vollständige* kriminologische Exploration verwiesen, die weder festgelegt ist noch prinzipielle Einschränkungen kennt. Die Folgen, insbesondere die Auflösung des Verfahrensgegenstandes (§ 155 StPO) und damit des Bezugsobjektes für den Grundsatz ne bis in idem werden nicht aufgezeigt.

115 a. a. O., Rdnr. 6, 7.

116 a. a. O., Rdnr. 9, 10.

117 Die Beziehung auf das Gefühl der Rechtssicherheit der Bevölkerung hat mit Resozialisierung wie Sicherung ersichtlich nichts zu tun. Offensichtlich kommen hier andere Funktionen des Strafrechts ins Spiel. Eine Verbindung zur „Eindruckstheorie" des Strafrechts anzunehmen, liegt immerhin nahe.

tig wird klar, daß die Diagnose „Symptomtat" weder die Beschränkung auf den Verfahrensgegenstand verträgt, noch von der Verlaufsprognose unabhängig bestimmt werden kann. Das statische Erkenntnisobjekt ist also eine *Illusion* oder *Fiktion*, das gesetzliche „Schema" lediglich ein multipler Beschreibungsansatz der ratio legis[118].

III.3 Erweiterung der Entscheidungsmöglichkeiten in der Medizin

Diagnosen mit Verlaufsprognosen kennen wir aus der Medizin. Auf welchem Hintergrund wird die medizinische Wissenschaft mit ihnen fertig?

In der Medizin wird zwischen „morbus" und „Syndrom" unterschieden. Grob gesagt bezeichnet „morbus" als Präfix jede Krankheit mit einheitlicher Ursache, einheitlicher Symptomatik und im Prinzip einheitlichem Verlauf (Heilung außer Ansatz gelassen), „Syndrom" dagegen Krankheiten verschiedener Ursachen oder Symptomatik und Verlauf. Die Krankheitsbilder sind ungemein sorgfältig beschrieben und lexikalisch aufbereitet[119]. Die Sprache (Nomenklatur) ist weitgehend sogar international standardisiert[120]. Trotzdem gibt es komplizierte entscheidungstheoretische Probleme[121]. Nicht nur die Ordnungssysteme sind permanent gefährdet[122], das Vorgehen selbst ist keineswegs so einheitlich, wie etwa die Untersuchungsschemata anzunehmen nahelegen. Das im Hinblick auf den Verlauf wohl alltäglichste Problem ist das – bei beschrie-

---

118 Die insbesondere durch a) § 63 II, der noch nicht gilt, und b) die Unterbringungsgesetze wiederum unklar bleibt. Prozeßökonomische FG mit Vorrang der sozialtherapeutischen Anstalt? Warum dieser, wenn die (Re-)Sozialisierung Behandlung von Krankheit unerläßlich macht? Warum (vgl. Rdnr. 10 zu § 63) soll die Bedrohung bestimmter Personen über die Unterbringungsgesetze geregelt werden? Warum dann nicht auch bei Bedrohung anonymer Opfer? Um Mißverständnissen vorzubeugen: Die Kommentierung ist gut, es bleiben die Fragen an den Gesetzgeber.

119 Vgl. *Pschyrembel*, Klinisches Wörterbuch mit klinischen Syndromen (251. Aufl. 1972), als „Handkommentar", *Leiber/Olbrich*, Die klinischen Syndrome (5. Aufl. 1973), als „mittlerer Kommentar", die großen Handbücher der Einzeldisziplinen als „Großkommentar".

120 Z. B. die Todesursachen: Handbuch der internationalen Klassifikation der Krankheiten, Verletzungen und Todesursachen (ICD), 1968, 8. Rev.

121 Vgl. z. B. aus neuester Zeit Rudolf *Gross:* Über diagnostische und therapeutische Entscheidungen. In: Klin. WSchr. 53 (1975) 293 ff. mit 101 Titeln umfassender Bibliographie.

122 Vgl. z. B. *Leiber:* Die Nosologie auf dem Weg zu neuen Ordnungssystemen: Syndrome und Syndromatologie. In: Internist 16 (1975), 56 ff.

benen Krankheiten – der unvollständigen Symptomsätze: Sind noch nicht alle Symptome eines bestimmten Krankheitsbildes entwickelt, steht jede Diagnose unter Ungewißheit. Auf unvollständige Symptomsätze passen oft verschiedene Krankheitsbilder. Eine Diagnose mit einem Wahrscheinlichkeitswert, der gegen 1,0 bzw. 100% tendiert, wird u. U. dann erreicht, wenn sie alle „angesprochenen" Krankheitsbilder als Disjunktion enthält:

Der Patient X hat die Krankheit a oder b oder c oder d . . .

Die Wahrscheinlichkeit ist dabei eine subjektive, denn wir können nie beweisen, daß wir *alle* Krankheitsbilder und deren Abwandlungen kennen, in denen die Symptomkombinationen vorkommen können[123]. Die Zuschreibung einer Wahrscheinlichkeit an eines der Glieder der Disjunktion ist wahrscheinlichkeitstheoretisch nicht möglich. Eine puristische empirische Lösung des Problemes wäre das prinzipielle Abwarten: Erst wenn ein vollständiger Symptomsatz entstanden ist, wird gehandelt. Diese Strategie ist aus zwei Gründen nur beschränkt möglich: Einmal können auch bei voll ausgereiften Krankheiten Symptome fehlen, sich Symptome verschiedener Noxen überlagern usw. und zum anderen kann das Abwarten tödlich sein. Allerdings wird man in vielen Situationen zunächst abwarten, da z. B. das Symptom Fieber allein keine andere Strategie erlaubt[124].

Das tatsächliche Verhalten der Ärzte besteht trotz dieser Schwierigkeiten nur zu einem Teil im Abwarten. Gehandelt wird auf Grund einer Entscheidungsmöglichkeiten erschließenden Entscheidungstheorie, die erst verhältnismäßig spät als solche dargestellt wird[125]. Für unsere Zwecke interessiert hier nur die ärztliche Grundmaxime in einigen grob zu umreißenden Situationen:

Grundmaxime: Handle zum gesundheitlichen Nutzen des Patienten (Hippokratischer Eid!).

123 Wahrscheinlichkeitstheoretisch hat die Summe aller möglichen Hypothesen den Wahrscheinlichkeitswert 1,0 oder 100%, doch ist die Vollständigkeit prinzipiell nicht beweisbar.

124 Diagnose: Konjunktion aller fiebrigen Infekte, Entzündungen usw.

125 Vgl. z. B. die Arbeit von *Gross*, a. a. O., nebst Nachweisen. Überhaupt ist die entscheidungstheoretische *Darstellung* im Gegensatz zur entsprechenden *Handlungsorientierung* erst sehr spät entwickelt worden. Die Handlungsorientierung wurde und wird auch heute noch weitgehend aus auf Erfahrung basierenden Klugheitsregeln der praktischen Vernunft bezogen, ein Verfahren, das auch den Juristen durchaus vertraut ist.

Situation 1: Der Patient hat nur das Symptom Fieber:

Handlungsanweisung 1:
Bettruhe, leichte Kost, Überwachung, Abwarten.

Situation 2: wie Situation 1, der Patient hatte aber noch innerhalb der Inkubationszeit Kontakt mit einem an einer Seuche Erkrankten.

Handlungsanweisung 2:
Zumindest zu Handlungsanweisung 1: Quarantäne usw.

Situation 3: Der Patient hat Symptome, die nur noch in die Krankheitsbilder a, b und c passen. Für jede gibt es wirksame Heilmittel ohne Kontraindikation. Der Zeitfaktor ist beschränkt.

Handlungsanweisung 3:
Unterstütze die Konstitution und beginne vorsichtig auf Grund subjektiver Wahrscheinlichkeiten im Hinblick auf Konstitution, epistemologische Daten usw. mit der Therapie einer der Krankheiten und schließe aus deren Erfolg/ Mißerfolg auf die Diagnose.

Abgeleitete Maxime 1:
Setze situationsgerecht Therapie auch als diagnostisches Hilfsmittel ein.

Situation 4: Wie Situation 3. Die Krankheiten a und b sind harmlos, c ist tödlich, wenn die Therapie nicht sofort eingeleitet wird. Gegen die Krankheiten a–c ist das Breitbandantibiotikum B wirksam.

Handlungsanweisung 4:
Leite die Therapie mit B ein.

Abgeleitete Maxime 2:
Die entscheidungstheoretisch als notwendig erscheinende, objektiv vielleicht völlig überflüssige Therapie muß eingeleitet werden, auch wenn sie *jede* Diagnose endgültig unmöglich machen wird.

Die Diagnose ist gegenüber der grundlegenden Nutzenmaxime ein nachrangiger Wert.

Dieser idealisierende winzige und unsubstantiierte Ausschnitt aus der medizinischen Entscheidungsorientierung dient der Erhellung der abgeleiteten Maximen 1 und 2, die ersichtlich den Handlungsspielraum des Arztes über die wahrscheinlichkeitstheoretischen wie empirischen Grenzen hinaus entscheidend erweitern. Die Rechtfertigung aus der Maxime des hippokratischen Eides ist unproblematisch, da

1) die Handlungszwänge und damit situativ
2) die Entscheidung unter Ungewißheit vorgegeben sind.

III.4 Die abgeleiteten Maximen und das Strafverfahren

Können wir dieses Modell einer Erweiterung von Handlungsspielräumen in den Bereich der Entscheidungen über Maßregeltatbestände übernehmen?

Ersichtlich hängt die Antwort auf diese Frage nicht nur von praktischen Ergebnissen, sondern u.a. auch von der Rechtfertigung der Entscheidungen im Hinblick auf vorgegebene Wertmaßstäbe ab.

Weitere Probleme bieten die benutzten Parameter:
ad exemplum Fieber, Hochdruck, beschleunigte Senkung usw. sind, wenn auch nicht spezifische, so doch als solche eindeutige Symptome, die recht genau erhoben werden können. Die „kriminologisch wichtigen Tatsachen (Herkunft, Elternhaus, Erziehung, Verhalten in Schule und Lehre, frühe Verwahrlosung, Arbeitsscheu, Beginn der Kriminalität, spätere soziale Einordnung, Familienverhältnisse, Arbeit und Sozialverhalten, Charakter und Intelligenz), einschließlich der sonstigen Vorstrafen . . . und Vortaten (auch nach Verjährung . . .)“[126] sind es im einzelnen kaum, im Verbund vielleicht, doch fehlen die entsprechenden genauen Syndrombeschreibungen, die gerade die Prognosetafeln, auf die *Dreher* notwendig verweist[127], nicht liefern. Sie basieren auf einer statistischen Entscheidungstheorie (Planungstheorie), die bereits mit dem hippokratischen Eid und den abgeleiteten Maximen 1 und 2 nahezu nichts gemein hat. Wichtiger noch erscheint mir, daß es sich um *Prognose*tafeln handelt, deren Anwendung bestenfalls Annahmen über den Verlauf ergeben, aber die *Lösung des vorrangigen Problems der Diagnose voraussetzt*[128]. Die Entscheidungsprobleme der Praxis wären selbstverständlich dann auf den

---

126 *Dreher*, a.a.O., Rdnr. 17 zu § 66.

127 a.a.O.

128 Vorbilder haben wir etwa im Sprengstoff- oder Betäubungsmittelgesetz.

Normalstand reduziert, wenn eine bestimmte Prognosetafel etwa als promulgierte Anlage zum StGB mit den nötigen Verweisungen in den jeweiligen Maßregeltatbestand eingefügt würde. Bei entsprechender Auswahl rein diagnostischer Faktoren würde so das Problem analog zu den alten Rückfallbestimmungen durch Formalisierung praktikabel gelöst. Die materielle Verantwortung läge bei der Legislative.

Damit stellt sich erneut die Frage, ob

1) Therapie als diagnostisches Hilfsmittel und

2) Therapie unter Vernichten der Voraussetzungen einer Diagnose

in den zu behandelnden Entscheidungskontexten praktikabel und zulässig sind. Jeder mittelmäßige Jurist kann die Unzulässigkeit dieses Verfahrens mit großen Worten und kleinem Aufwand darlegen. Damit wissen wir aber noch nichts darüber, warum eine Übertragung in der Medizin heilsamer Strategien offensichtlich in einem gleichfalls weitgehend therapeutisch gedachten rechtlichen Bereich überhaupt nicht gelingen will[129].

Die Gründe sind dabei denkbar einfach: Die erlebten wie die vom Arzt gesehenen Interessen des Patienten stimmen regelmäßig überein. Zwangsbehandlung ist grundsätzlich unzulässig[130], die Arztwahl ist frei, der Patient ist in die Entscheidungsstrategie durch die Aufklärungspflichten des Arztes einbezogen. Auf Grund eines Vertrauensverhältnisses, das weitgehend rechtlichen Schutz genießt, wird mit dem und für den Patienten entschieden[131].

Demgegenüber mag bei einer Maßregel objektiv auch für den Delinquenten/Probanden entschieden werden. Zumindest wird er es aber regel-

---

129 An dem Befund ändert manches Verwischen der Probleme durch rechtliches Pathos nichts: „Zwangsbehandlungen stellen keinen Eingriff in das Recht auf körperliche Unversehrtheit dar, *solange sie als Ausdruck staatlicher Fürsorgepflicht* vorgenommen werden müssen"; *Hupe:* Rechtliche Grenzen der Behandlung, in: *Schüler-Springorum/Krakowki:* Jugendkriminalität und Resozialisierung. Kongreßbericht 1974. 1975, 90 ff. (97). Die Rechtfertigung mit staatlichen Pflichten ist entweder leer (Erwerb eines Rechts auf Sitzplatz mit einer Eisenbahnfahrkarte, aber nicht in einem bestimmten Zug; Recht auf Arbeit; Recht auf Glück usw.) oder stellt den (u. U. neurotischen) Helferwillen frei von Verantwortung.

130 Ausnahmen ad exemplum: im Geschlechtskrankheitengesetz.

131 Das ist etwas ganz anderes als z. B. die pflichtgemäße Prüfung des Arztes, „ob sein Tätigwerden von dem Willen getragen wird, dem Häftling zu helfen" (*Hupe*, a. a. O., S. 96).

mäßig anders erleben. Sein Einverständnis ist nicht vorausgesetzt, das Verfahren ist gegen ihn[132] gerichtet. Ohne Diagnose, also auch als diagnostisches oder therapeutisches Experiment[133] können wir sie nicht rechtfertigen, mag die Einstellung zum Delinquenten auch noch so „human" sein[134].

Wo steckt nun die sicher auch bei den Maßregeln notwendige Erweiterung der Entscheidungsmöglichkeit? Idealtypisierend lassen sich zwei Möglichkeiten aufweisen:

a) Aufstellung von unwiderleglichen Vermutungen als objektivierbare Anknüpfungstatsachen. Die Strafschärfung bei den alten, im Besonderen Teil geregelten Rückfallbestimmungen basierten auf diesem Prinzip. Als Qualifizierungstatbestand bot z. B. § 244 aF StGB keine besondere Schwierigkeit. Bezahlt wurde für die Rechtssicherheit mit einer dem Recht eigenen Förmlichkeit: Ob die Taten „Symptomtaten" waren, mußte notwendig jedenfalls auf der Tatbestandsseite unerörtert bleiben.

b) Auflösen des prinzipiellen Endgültigkeitscharakters strafrichterlicher Entscheidung. § 42 f I StGB i. d. F. vom 24. 11. 1933 drückte dies Prinzip am deutlichsten aus: Fehlt eine hinreichende Umschreibung des Maßregel*tatbestandes,* der *als solcher* zu rechtfertigen ist, dann wird die Rechtfertigungsproblematik der Frage der Dauer der Maßregel zugespielt. Normativ scheint alles in Ordnung zu sein, aber wie kann ich über das Fortbestehen der Zweckvoraussetzungen entscheiden, wenn diese bereits bei der Anordnung der Maßregeln nicht beschrieben sind?

Selbst wenn die Praxis die klügsten Lösungen praktiziert, stellt sich z. B. das für die Überprüfung wichtige Identitätsproblem: Ist der Täter *noch* gefährlich *aus den Gründen,* die seine Tat als „Symptomtat" er-

---

132 So steht es schon im Rubrum!

133 Vgl. die weitreichenden Einschränkungen bei der körperlichen Untersuchung (§ 81 a StPO) und einstweiligen Unterbringung (§ 126 a StPO), obwohl diese Eingriffe auf rein *diagnostische* Zwecke limitiert sind!

134 Die häufig zu beobachtende Rechtfertigung mit der Einstellung gegenüber dem Delinquenten/Probanden ist *emotionell, nicht objektivierbar* und führt zur *Personalitätssteigerung* des *Mächtigen* (zuständigen, „Legitimierten" usw.) auf Kosten des zum Objekt Depravierten (Delinquenten/Probanden usw.). Solche psychische/voluntative usw. Expansion ist alles andere als „human": ‚Wer meine Hilfe braucht, bestimme ich', ist um keinen Deut eine bessere Devise als: „Wer ‚Jude' ist, bestimme ich".

scheinen ließen, oder *schon* gefährlich *aus neuen Gründen,* die des Maßregelvollzuges eingeschlossen[135].

Unser Maßregelrecht hat trotz viel differenzierterer Überprüfungsmechanismen, der Möglichkeit des Vikariierens und der Aussetzung[136] usw. weder ausreichende Tatbestandsvertypungen[137] auch nur in Form von Präsumptionen noch das Identitätsproblem gelöst. So geraten wir in Gefahr, vom Täter auf die Tat zu schließen[138] und mit der Tat den Täter zu verlieren[139].

Diese Auflösungstendenz läßt sich auch in den Prüfschemata[140] nachweisen: Die Diagnose „Symptomtat" als „Gesamtwürdigung des Täters und seiner Tat" bezieht über den Täter *dieser* Tat jegliches faßbare Verhalten des Täters ein[141]. Damit ist der Auftrag zur Sachverhaltserforschung nicht mehr durch einen Verfahrensgegenstand eingegrenzt[142]. Die Steuerung der Sachverhaltserforschung ist weder für den Richter, noch den Sachverständigen rechtlich festgelegt, sondern normativ zu-

135 Diese Frage ist keineswegs akademisch, man denke an den Räuber Jackson (bewaffneter Überfall auf eine Tankstelle), der bei einem gewaltsamen Befreiungsversuch ums Leben kam, der seinerseits Gegenstand des bekannten Verfahrens gegen die Dozentin Angela Davis war.

136 Die erstmalig auch im Vollzug nicht mögliche experimentelle Situationen zuläßt.

137 Die die empirische Forschung auch nicht „vorfertigen" kann.

138 Jüngst noch hat der Parlamentarische Staatssekretär des BMJ *de With* aus *E. T. A. Hoffmanns* Satire gegen den Direktor der Polizeiabteilung im Preußischen Innenministerium *von Kamptz* zitiert: „Auf die Erinnerung, daß doch eine Tat begangen sein müsse, wenn es einen Täter geben solle, meinte Knarrpanti, daß, sei erst der Verbrecher ausgemittelt, sich das begangene Verbrechen von selbst finde. Nur ein oberflächlicher leichtsinniger Richter sei, wenn auch selbst die Hauptanklage wegen Verstocktheit des Angeklagten nicht festzustellen, nicht im Stande, dies und das hineinzuinquirieren, welches dem Angeklagten doch irgendeinen kleinen Makel anhänge und die Haft rechtfertige." in JZ 76, 89 ff. (90).

139 Selbst für die (Re-)Sozialisierung, Therapie usw. stellt sich die Frage: Wie führt „man" den Täter durch eine in so weit unbekannte Tat zu sich selbst? Oder darf „man" die Therapie zur Diagnose benutzen? Wissen wir dann nicht bestenfalls erst nach Vollstreckung, wessen wir den Täter beschuldigt *haben?* Wie überprüfen wir dann, ob ihm recht geschehen? Wir wirkt sich diese „Resozialisierung" auf das Rechtsbewußtsein des Täters aus? usw.

140 Vgl. ad exemplum die Wiedergabe der praxisorientierten Kommentierung von *Dreher,* a.a.O.

141 Vgl. *Dreher,* a.a.O.

142 Ist der Täter *als solcher* Verfahrensgegenstand, kann von einer Begrenzung nicht mehr die Rede sein.

fällig. Die beim Sachverständigenbeweis ohnehin schwierige Rollenproblematik[143] wird vollends undurchsichtig, *die prozessualen Grundlagen greifen nicht mehr*[144].

Dies ist aber erst der kleinere Teil der Folgen: Die Verlaufsprognose ist von der Diagnose nicht abzuleiten. Vielmehr ist sie ihrerseits – entgegen anderslautenden Beschreibungen – *Teil der Diagnose.* Die Abstraktion bewährter Schemata[145] erlaubt zwar die *Darstellung* als Arbeitsprogramm, vermag aber deren Praktikabilität nicht zu gewährleisten. Die „zu erwartenden Taten" sind erst das Moment, das die Tat zur Symptomtat macht. Die Erwartung weiterer Taten ist letztlich eine subjektive Haltung, eine Form des Mißtrauens, das ausdrückt, was jemand einem anderen in Zukunft zutraut, also: *Verdacht. Die Steuerung der Beweisaufnahme folgt* – und darin liegt nichts besonderes – *möglichen Indizien für Vertrauen und Mißtrauen. Beweisgegenstand ist der Verdacht.* Selbstverständlich kann die Gewißheit des Verdachts nach dem prozessualen Normalschema gehandhabt werden[146], und zwar genau so, wie bei „hinreichendem" oder „dringendem" Tatverdacht. Man bemühe nicht die Gefährdungsdelikte, denn die Beurteilung der „Tatgefährlichkeit" anhand ausformulierter Straftatbestände bietet ebenso sicher die Möglichkeit der Verdeutlichung der ratio legis wie sie durch die weitere Folgenlosigkeit der Gefährdung[147] nicht widerlegt wird. Das Erkenntnisobjekt ist z. Zt. der Urteilsfällung statisch, der Verfahrensgegenstand wie die ratio legis deutlich markiert. Ein weder in Bezug auf den Urteilszeitpunkt abgeschlossener noch sonst limitierter Verfahrensgegenstand ist demgegenüber kein möglicher Gegenstand des strafrechtsprozessualen procedere[148]. Die Rechtfertigungsproblematik stellt sich also erneut, trotz der pathetischen Zuweisung zu der rechtsstaatlich härtesten Prozeßordnung. Die gesamte feine in §§ 61 ff. StGB enthaltene Überprüfungs- und Aussetzungssyste-

---

143 Vgl. *Reinh. v. Hippel:* Pragmatische Aspekte zum Problem der Rollenverkehrung beim Sachverständigenbeweis. In: Festschrift für *Karl Peters.* 1974, 285 ff.

144 Hier zeigt sich, daß unser Prozeß ausschließlich im Hinblick auf *Straf*tatbestände hin entwickelt worden ist.

145 Vgl. z. B. *Dreher,* a. a. O.

146 Auch bei der Verlaufserwartung („Symptomtat") ist „ihr Sachverhalt . . . mit ihren Tatwurzeln im Urteil regelmäßig kurz darzustellen"; *Dreher,* Rdnr. 17 zu § 66.

147 Über den Gefährdungserfolg hinaus, sprich: Verletzungsfolge.

148 Die Zuweisung an Verwaltungskommissionen in manchen Staaten der USA, Kuba usw. löst sicherlich nicht ein einziges der Probleme, ist aber wenigstens sachlich konsequent, damit ehrlich und leichter angreifbar.

matik ist letztlich nicht mehr als ein zwar achtenswerter, aber dennoch untauglicher Versuch, diesen unerträglichen Sachverhalt nachträglich zu bereinigen[149].

Das dynamische Erkenntnisobjekt ist nicht beschreibbar, also selbst in seiner Dauer nicht überprüfbar. Die vorgeschriebenen Überprüfungen haben deshalb noch nicht einmal mit Sicherheit dasselbe Erkenntnisobjekt. Das Handeln ist vorläufig und letztlich von der Vorstellung der Zweckmäßigkeit abhängig. Die bekannte Zurückhaltung der Strafrichter gegenüber den Maßregeln ist offensichtlich berechtigt. Warum wenden sie sie überhaupt an?

Damit komme ich zur letzten These:

Anders als bei unabweisbaren *körperlichen* Krankheiten[150] ist der Entscheidungszwang bei „Sozialkranken" nicht vorgegeben, sondern mit den Mitteln des Rechts *gesetzt.* Diese Setzung führt zu Zuständigkeiten, die viel weiter reichen, als etwa die medizinische Behandlungspflicht. Nach den Spielregeln von GVG, StPO, StGB gibt es kein Ausweichen, und der zuständige Spruchkörper wird – was immer er auch tut – von der Öffentlichkeit verantwortlich gemacht. Ihr ist der feine Unterschied zwischen Verdacht und prozessualer Gewißheit ohnehin nicht bekannt, dafür erkennt sie unweigerlich aus jeder späteren Tat des Delinquenten, daß die frühere eine Symptomtat war. Für die Öffentlichkeit ist das Haar zu fein gespalten, daß sie vom Staat Sicherheit, vom Strafgericht aber nur *Rechts*sicherheit erwarten darf, solange die Gesetzgebung die Maßregeltatbestände nicht ausreichend strikte und in eigener Verantwortung formuliert. Das Maßregelrecht ist im Prinzip nicht neu. Neu ist erst seine zentrale Stellung im Rechtsfolgensystem. Bereits das alte Maßregelrecht war äußerst problematisch, doch konnte es wegen seiner nachgeordneten Bedeutung gleichsam als Anhängsel recht erfolgreich isoliert werden. Der Skandal, daß z. B. die Sicherungsverwahrten überwiegend häufig rückfällige Kleinkriminelle waren, blieb deshalb auf die Sicherungsverwahrung beschränkt.

Durch die zentrale Stellung der „Maßregeln der Besserung und Sicherung" und die *totale* Durchsetzung des Zweckgedankens, die die entsprechenden *Erkenntnisprobleme als zu entscheidende* der Justiz aufgeben,

149 Man schlage bitte nicht vor, in Maßregelsachen etwa ein Formular mit eigenem Rubrum zu benutzen, ausweislich dessen das Verfahren „für" den zu Maßregelnden geführt wird.

150 Bei denen bereits vielfach die Krankheitseinsicht des Patienten fehlt.

ist eine Beschränkung der Folgen für das Strafrecht nicht mehr möglich. Probleme, mit denen wir bisher dank der Zurückhaltung unserer Richter einigermaßen erträglich leben konnten, drohen jetzt zunächst das Verfahren, dann das materielle Strafrecht und schließlich die Integrität unserer Richter zu zerstören.

D. Schlußbemerkungen

Die zukünftige Bewertung der „Großen Strafrechtsreform" wird nicht von den Fehlern in der bisherigen Gesetzgebung abhängen. Diese waren unvermeidbar, denn für jeden von ihnen gilt der Satz vom zureichenden Grund. Maßstab wird sein, wie weit die Fähigkeit reicht, aus den Fehlern zu lernen, Grenzen der Realisierbarkeit idealer Postulate zu erkennen und ein neues Gleichgewicht zwischen materialer Gerechtigkeit, formaler Rechtssicherheit und Praktikabilität (Entscheidbarkeit) zu schaffen.

Die zentralen Kategorien unserer Rechtskultur sind die Bestimmungs- und Limitierungsgrößen *Tatbestand* und *Verfahrensgegenstand.* Sie tragen die rechtsstaatlichen Garantien, auf die kein Reformer verzichten möchte.

Ich habe aufzuzeigen versucht, daß heute in einem Kernbereich des Strafrechts weder eine ausreichende Bestimmung des *Tatbestandes* noch des *Verfahrensgegenstandes* möglich ist. Dies ist der Preis für einen monistischen Ansatz, der durch Parteinahme des Gesetzgebers in einem Grundlagenstreit durchgesetzt worden ist.

Der politische Sieg eines moralisch hochstehenden Denkansatzes war zu groß und droht nun, die Denker durch ihren Erfolg ins Unrecht zu setzen, sie unglaubwürdig zu machen. Der totale Sieg droht zur totalen Niederlage zu werden, weil durch ihn das Blickfeld nicht erweitert, sondern nur verschoben und letztlich verengt worden ist.

Unser Ziel sollte es sein, soviel Zuwendung zum Täter einzubringen, wie von uns durch die Form praktikabel objektiviert werden kann. Hart formuliert: Bestimmte Reformideen sind zwar *politisch* durchgesetzt, sie haben aber den kritischen Test der *Form,* die das Recht aufgibt, soll es nicht aufgegeben werden, bisher nicht bestanden. So steht die Re-Form noch aus, ist immer noch Aufgabe. Da die Gesetzgebung der Form vorausgeeilt ist, dürfen wir nicht einmal abwarten, denn die Folgen könnten tödlich sein.

FSC
www.fsc.org
MIX
Papier | Fördert gute Waldnutzung
FSC® C083411

Kolibri 360 GmbH
Ferdinand-Jühlke-Straße 7
99095 Erfurt, Deutschland
produktsicherheit@kolibri360.de